移住。

成功するヒント

朝日新聞出版

CONTENTS

CHAPTER 1

こんにちは！ 移住

CHAPTER 2

暮らし方を変える

※本書に掲載したデータは2021年5月の取材・調査に基づくものです。
本書出版後、内容が変更となる場合があるため、
ご利用の際は必ず事前にご確認ください。
※本書に掲載された内容による損害等は弊社では補償しかねますので、
あらかじめご了承ください。

CHAPTER 3

働き方を変える

CHAPTER 4

支援制度のDATABASE

CHAPTER 1

Hello, IJU

こんにちは！
移住

ただ住む家や暮らすまち、働く場所を変えるだけじゃない。目の前に新しい世界が広がって、「移住」で人生が変わるかも…。

理想の移住を叶える8ステップ

移住を叶える

STEP 1

▼

目的をはっきりさせる

移住の目的は千差万別。憧れだけで、移住はできない。なぜ移住がしたいのか、移住したあとにどんな暮らしがしたいのか。移住後のライフスタイルを明確にするのが、まずは移住の第一歩だ。

カフェを開きたい
自然豊かな土地で子育てしたい
古民家に住みたい
田舎暮らしがしたい
地域おこしをしたい
海のそばに住みたい
自給自足の生活をしたい
伝統工芸を習いたい
静かな環境でモノづくりをしたい
農業を始めたい

CHECK! ▶ **家族やパートナーの意思を確認しよう**

家族やパートナーの協力がなければ、移住を成功させるのは難しい。時間をかけて話し合い、みんなの意見を統一するのが大切。

移住を叶える

STEP 2

▼

移住先を決める

移住の目的がはっきりしたら、次は、その目的を実現できる移住先を探そう。とはいえ、突然知らない土地で暮らすには勇気がいる。まず「お試し」期間を設けてみるのもひとつの方法。移住にもいろいろなカタチがあることも知っておこう。

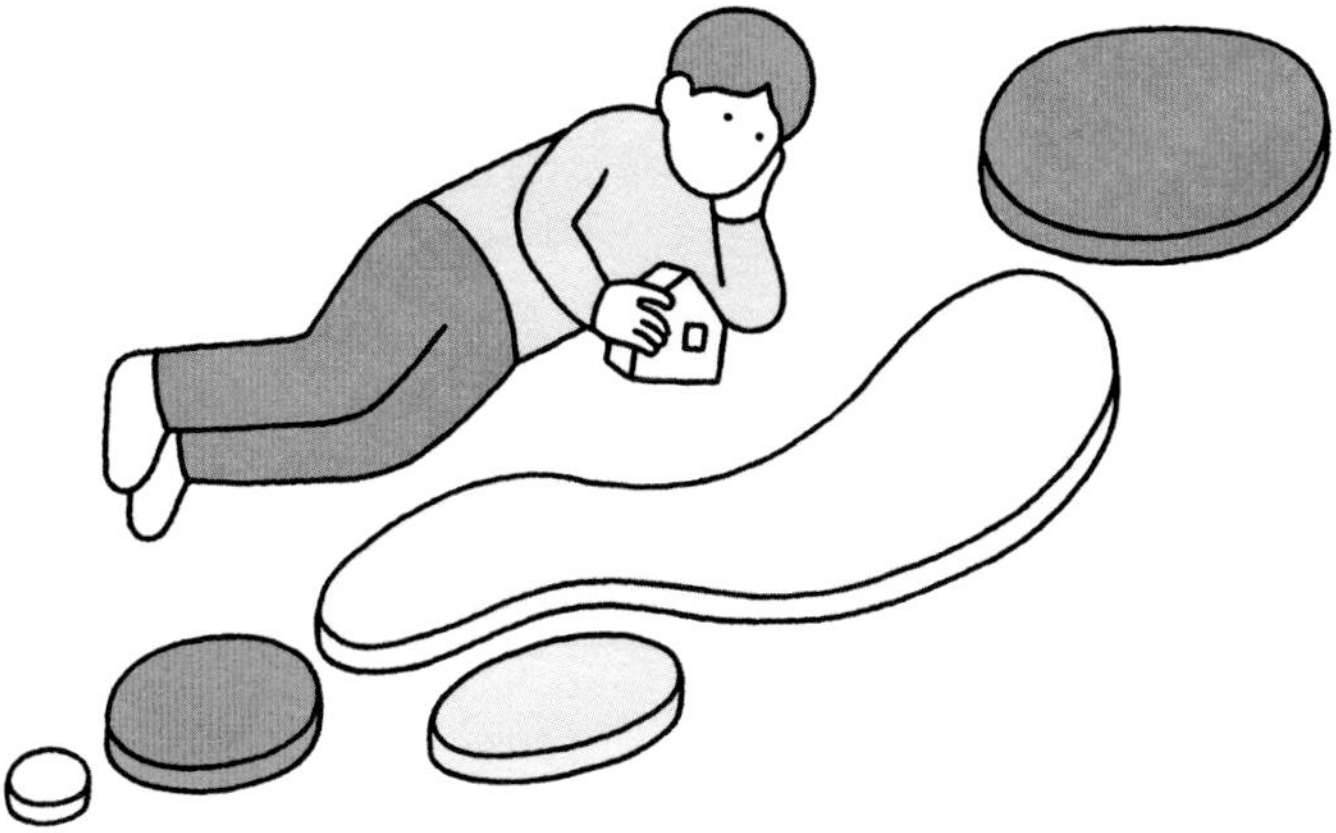

CHECK! ▸ 移住のカタチいろいろ

☑ **2拠点移住** → page. 064, page. 072

都会に拠点を持ちながら、地方にも生活拠点を持つ暮らし方。

☑ **2段階移住**

移住候補地の近くの都市部に移住し、
そこから候補地に通って暮らしの準備をする方法。

☑ **期間限定移住**

「冬の間だけスキーが楽しめる山間部へ」など、季節や期間を決めて移住する。

HINT! ▸ 自分の目的に合った移住先を探す

☑ **移住マッチングWebサービス「ピタマチ」→「理想の暮らし診断」**

写真を直感で選んでいくだけで、自分にぴったりの移住先を教えてくれる。

https://pitamachi.com/

移住を叶える

STEP 3

▼

移住先の情報を集める

移住先がある程度絞れてきたら、移住先の情報を集めよう。効率よく情報を入手するには、各自治体のホームページなどインターネットの利用が便利。とはいえ、もっと深い情報が欲しいなら、移住相談窓口に足を運んで相談するのがベター。

HINT! ▸ 情報は手厚く窓口も開かれている

☑ **ふるさと回帰支援センター** → page. 036

東京・有楽町にある移住相談センター。東京・大阪を除く45道府県の相談員に移住の相談ができる。地方移住のセミナーも年に350回ほど開催している。

https://www.furusatokaiki.net/

CHECK! ▸ 各自治体の支援制度を確認する → page. 200

各自治体は、移住者のためのさまざまな支援制度を用意している。
移住を相談する際は、支援制度についてもしっかり聞いておきたい。

移住を叶える

STEP 4

▼

資金計画をたてる

移住のための引越し費用はもちろん、移住先の暮らしを整えるために、移住にはお金がかかる。また移住後の生活設計もしっかりとたてておきたい。移住先の支援制度も加味して、無理のないプランニングをしよう。

CHECK! ▸ 移住にかかる費用は？

引越し費用、住居関連費用、自動車購入費、家具・家電の購入費など、出費は合わせて100万円を超えることも。古民家などに住む場合はリフォーム代なども考慮しておきたい。また、水道・ガス代、自動車関連費等が都市部より高額な場合もある。しっかり試算しておこう。

移住を叶える

STEP 5

▼

現地に実際に足を運ぶ

移住先を実際に訪ねて、どんな土地なのかを見極めることが大切。環境？　交通の便は？　暮らしを支えるお店はあるのか？　どんな人たちが暮らしているのか、などなど…。何度か足を運んで、四季の変化を体験するのも賢い方法。

CHECK! ▸ **交通費や宿泊費の支援制度も**

移住を前提にその土地を訪ねる場合、交通費や宿泊費を支援してくれる制度もある。各自治体のHPをチェックしてみよう。

CHECK! ▸ **お試し移住を体験してみる**

移住者希望者のために短期間から長期間まで利用できる「お試し住宅」を用意している自治体が多い。実際の暮らしを体験すれば、よりその土地が見えてくる。

HINT! ▸ **気軽に参加できるイベントも**

☑ **ニッポン移住・交流ナビ JOIN**

「イベント情報」から移住セミナー・相談会、体験プログラムなどを探せる。

https://www.iju-join.jp/

☑ **WEBマガジン「Furusato フルサト」**

「移住関連イベント情報」から各地の移住体験住宅やツアーに申し込みができる。

https://www.furusato-web.jp/

移住を叶える

STEP 6

▼

仕事を探す

暮らすためにはお金が必要。移住先での収入源を確保しておくのは必須だ。地元の企業に就職したいならハローワークへ。起業を考えている人や、農業や漁業などを希望するなら、自治体の支援窓口を訪ねよう。

CHECK! ▸ **その土地ならではの就業支援も** → page. 150, page. 196

農業や漁業を主要産業としている自治体は、希望する移住者に、数年間の収入を保証するなどの有利な条件で研修制度を用意している。各自治体のHP等で確認を。

HINT! ▸ **選択肢はさまざまある**

☑ **「Local+就活」Lo活**

学生や若手社会人を対象に、自治体別に企業紹介や、地方で就活するための情報を提供。

https://local-syukatsu.mhlw.go.jp/

☑ **全国新規就農相談センター「農業をはじめる.JP」**

新規就農を目指す人を対象に求人情報、インターンシップや就農準備校など農業体験の募集情報、イベント開催情報を公開。

https://www.be-farmer.jp/

☑ **全国漁業就業者確保育成センター「漁師.jp」**

全国の漁師の求人情報や支援制度、求人フェアの開催情報、漁師の仕事の様子などを公開。

https://ryoushi.jp/

移住を叶える

STEP 7

住まいを探す

住まい探しは、現地事情に詳しいその土地の移住相談窓口に相談するのが得策。ウェブサイトで情報収集をしたり、地元の不動産会社や地元の方に聞いてみる方法も。賃貸にしても購入にしても、物件は目で確かめてから契約したい。

CHECK! ▸ 空き家バンクを活用しよう

賃貸や売却を希望する家の所有者から収集した情報をウェブ上で公開し、
空き家に住みたい人に紹介するもので、全国の自治体が実施している。
利用方法は自治体によって異なるので問い合わせを。
全国版もあり、以下のサイトには全国603の自治体、
のべ9000件を超える物件が掲載されている。

- LIFULL https://www.homes.co.jp/akiyabank/
- at home https://www.akiya-athome.jp/

移住を叶える

STEP 8

移住生活スタート!

気持ちよく暮らすためには、ご近所付き合いも大切。挨拶回りをしたり、地元の行事に参加したりして、積極的に地域に溶け込もう。

CHECK! ▸ 移住の際に必要な手続き

転居届、転校届、ガス・水道・電気の移転連絡、銀行・保険などの住所変更など、
通常の転居に伴うさまざまな手続きはお忘れなく。
さらに、町内会に所属したり、消防団に入ったり、寄り合いや祭りに
参加するといった、その土地の住民になるための手続きもあることを知っておこう。

Q&A 移住する？ ヒント。

自宅のほかに住まいを持ち、重層的な暮らしができる
「多拠点居住」は
移住よりもハードルが低く、トライしやすい。
家の探し方やコスト面など、失敗しない多拠点居住のコツを
自宅を含め4か所での生活を楽しむ
ナカムラさんに教えていただいた。

「移住のきっかけや方法は人それぞれ。自分がどうしたいかをまず知ろう」

ナカムラケンタ

株式会社シゴトヒト代表取締役

1979年東京都生まれ。明治大学建築学科卒業後、不動産会社に入社。退職後“生きるように働く人の求人サイト”「東京仕事百貨」を立ち上げる。2009年、株式会社シゴトヒトを設立しサイト名を「日本仕事百貨」に変更。現在は清澄白河、中目黒、蓼科、新島に家を持ち、多拠点居住を満喫中。

これまで出会った生き方、働き方について紹介した著書『生きるように働く』（ミシマ社）1980円。

ナカムラさんは4か所の拠点をお持ちですが、多拠点居住を始めたきっかけを教えてください。

僕は若いころ、中目黒にある古い一軒家に住んでいました。友人とシェアしつつ、大家さんに「リノベーションして家の価値を上げるので、家賃を安くしてください」と交渉して、おかげで格安で住むことができました。以来、お金をかけなくても工夫次第で快適な住まいを手に入れられる、というのが僕の住居に対する考えになりました。

現在、拠点は江東区の清澄白河に移しましたが、中目黒の家でも寝泊りできるようにしてあります。ただ、ずっと都会にいると煮詰まることがあるので、いろいろな人のご縁をたどって地方に遊びに行くうち、新島と蓼科に家を持つことになりました。

といっても、どちらもいわゆる〝別荘〟ではありません。シェアハウスや自分でＤＩＹして住む小屋などです。お金をかけていい家に住みたいという気持ちが、僕にはもともとなくて、それよりも人とのご縁があり、土地や場所にも惚れて、自然と拠点を持つようになった、というのが実情。出会いを大事にしたので、今もトラブルなどは一切ありません。

お仕事のほうは、早い段階で独立されていたようですが、金銭的には苦労されませんでしたか。

もともと、僕は自分のペースで生きるタイプで、大学院を出たあと、しばらくはサラリーマンとして働いていたんですが、得手不得手がはっきりしていて、かなり使いづらい社員でした（笑）。これはもう、自分のやりやすい環境で働いたほうが周りにも迷惑をかけないだろうと、3年7か月で独立し起業しました。独立しても特に危機感はありませんでした。先ほどお話ししたように、家賃や光熱費といった固定費を切り詰めて、普通の人が30万円ぐらいかかるところを5万円ぐらいで済ませていたので。おかげで、不安はなく、自分がやりたいことを形にできたんだと思います。

では、多拠点居住の魅力はどんなところにあると思いますか。

都会も田舎も好き、という人にとっては両方の「いいとこどり」ができるところですね。そもそも僕がそういうタイプ。東京の横丁文化が大好きで、人生で一番好きなことは横丁で飲むことと言っても過言じゃないぐらい。だから東京は離れたくない。でも、海や山といった自然の中での生活にも憧れている。で、いきついたのが今の生活です。

都市と地方に拠点があると、たとえ都市での生活がダウンサイズしても、相対的な満足度は高まります。だから全体としてお金はかけなくても快適なんです。お金をかけてしまうと、生活が重くなってしまいます。最小限のコストで都市と田舎を楽しめるのが、多拠点居住の醍醐味だと思います。

Q 移住や多拠点居住を失敗しないためには、どんなことに気をつけるといいですか。

まず自分が何をしたいのか、どういう暮らしをしたいのか、ということを確認して、自分が心地いい場所を探すことです。そのためには、場所を知り、ご縁を探す努力は惜しまないほうがいい。

いきなり知らない土地に行くのは不安要素も多いです。古民家を借りるにしても、前にどんな人が住んでいたのかなど、情報があると安心できます。その土地に詳しい人や、あるいは移住や多拠点居住に詳しい人に話を聞いて、最初は1〜2泊、慣れてきたら2週間、1か月など、お試し居住してみるといいでしょう。

Q どんなエリアや場所が移住や多拠点居住に向いていますか。

ある程度外に開かれた場所だと、移住者に寛容なので住みやすいです。たとえば四国はお遍路さんを迎え入れてきた土地柄なので、よそから来る人を受け入れる土壌があります。

また、岐阜県郡上市にある石徹白《いとしろ》という地域は、白山信仰が盛んで、古くから修験者が出入りしていたため、移住者にも寛容で、山奥にある村落ながら、現在250人の

「〝ご縁〟を持つことが多拠点居住の第一歩」

住民のうち、50人が移住者です。そういう歴史のある場所や、移住者を多く受け入れて移住者耐性があるところだと、すんなり受け入れてもらえると思います。逆に移住者が少ない土地は、地元の人が「自分たちの生活が脅かされるのでは」と懐疑的なため、受け入れてもらうのに時間がかかるケースもあります。

ただ、移住者が多いといっても、やはり土地それぞれで事情はあります。暮らしやすさなどは、とにかく自分の目で確認するのが一番。気になった場所があったら何度も通って様子を知り、住んでいる人と交流して、自分との相性を確認すると、トラブルのリスクは回避できます。ご縁を持つことはとても大事だと思います。

Q ナカムラさんと新島や蓼科とは、どんなご縁から始まったのですか。

新島とご縁ができたのは12年前。当時、新島にSAROという宿があって、宿主とオーナーを結びつけたのが僕、という縁もあり、よく遊びに行っていました。その後、宿が廃業してしまったので、古民家を借りて友人とシェアするようになりました。

1

4

2

1・3 新島の砂は石英でできており、真っ白な砂浜が広がる。波も穏やかで海水浴に最適　2 町には新島特産のコーガ石で造られた建物も点在　4 いつでも仕事ができるよう、新島のシェアハウスにもデスクを完備　5 新島随一のおしゃれカフェ POOLはお気に入りの場所のひとつ

3

5

蓼科の場合も、やはり知り合いが3年前から運営しているキャンプ場に遊びに行ったのがきっかけです。小さな小屋がずらっと並んでいて、一部はリノベーションして宿泊に使っていたものの、手つかずの小屋も多数残っていたので、一戸を月3万円で借りました。

将来的には小屋に薪ストーブを置いて、燃える火を見ながら仕事をする、というのが野望です。それができたら、もう本当、満足ですね。小屋の近くには温泉やバーが入ったロッジがあり、行くといつもおもしろい人が集まっていて、飲みながらおしゃべりするのも楽しい時間です。

Q どちらも東京からかなり離れているイメージですが、アクセスは苦になりませんか。

新島に行くのは船が多いですが、その行程も楽しいんです。行くのはたいてい夏。ほぼ毎週金曜日の夜11時ごろ、竹芝桟橋を出航する大型客船に乗ります。席は取らず、甲板にコットという簡易ベッドを持ち込んで、まずは乾杯。レインボーブリッジを過ぎ、大井ふ頭のコンテナや羽田を離発着する飛行機の灯りを見ているうちに寝落ちして、明け方、水平線が明るくなるころ目が覚める。気がつけばもう新島です。8時間ほどかかるけど、ほとんど寝ているのであっという間です。

蓼科に行くのは、春や秋、冬ですね。東京から車で約3時間、道が空いていればもっと速いし、運転は好きなので全然苦になりません。自動運転が当たり前になれば、移動がもっと楽になり、多拠点居住はさらに気軽になるでしょうね。

Q どのように過ごす時間が一番楽しいですか。

新島の海は本当にきれいなので、

「お金はかけずとも、工夫次第で拠点はつくれます」

1

5

1 蓼科の宿泊施設「HYTTER」。ここにナカムラさんの小屋もある 2 HYTTER周辺の自然豊かなウォーキングコースを歩いてリフレッシュすることも 3・4 小屋のリノベーションが進行中。好みの場所が着々とできあがっていく 5 センターハウスにあるBARはさまざまな人との出会いの場 6 雪に覆われた八ヶ岳の絶景

2 3

6 4

泳いでいるときが最高です。家の前に広がる白い砂浜からテトラポットがあるところまで、何度も無心で往復すると、頭がすっきりしてきて、いいアイデアが浮かんでくるので、部屋に戻って机に向かって仕事をする、という感じです。

Q つまり新島や蓼科に行っても完全オフにはならず、お仕事もするのですね。

はい。そもそも、僕は「生きるように働く」をテーマに掲げていて、仕事とプライベートの境目がないタイプ。たとえて言うならスリープモードのパソコンのようなもの。限りなくゼロ状態だけど電源は切れてなくて、すぐに立ち上がる。だから、新島や蓼科でも完全オフということはなく、東京で仕事に行き詰まったら、とりあえずパソコンを持って出かけます。環境が変わることで気分が変わり、知人、友人などと話をしているうちに、いいアイデアが生まれる。それが僕にとって多拠点居住の一番のメリットだと思っています。

Q 多拠点居住を成功させるには家族の同意が必要ですが、家族はどうおっしゃっていますか。

1年前に結婚し、今、妻は2か月の子どもの子育て中ですが、多拠点居住について嫌だと言われたことはありません、凄くいいとも言われていないけど(笑)。もちろん、一緒に行くこともあるし、僕一人で出かけることもあります。家族って、いつも一緒にいるよりも、一緒にいないという選択肢があったほうが健全な気がするんです。そばにいないときほど、相手のことを考える時間ができて、結果、人間関係がうまくいくんじゃないかな。

先日も、子育てで妻の気が張っていたので、僕が子どもを連れだしたら妻の顔がすっきりしたんです。どんなに大事な我が子でも、常に一緒にいるのは疲れます。ましてや夫婦ならなおさらで、そのためにも、いくつか拠点があるとガス抜きになって、心のバランスがとれる気がします。

これから子どもが大きくなって、「自然のあるところに旅行しよう」となったとき、拠点があればすぐに行動できるのもいいですよね。最低限の生活必需品が置いてあるので荷物は少なくて済むし、もし子どもが大声で泣いたとしても、隣家も知り合いなので、そこまで気を使わずに済む。とにかく気楽です。そういう場所を持っていることは家族円満にも結びつくと思います。

Q 移住や多拠点居住を考えるとき、仕事の不安もあります。それはどう解消すればいいでしょうか。

多拠点居住もそうですが、移住となると仕事を探すのは必須ですね。僕が立ち上げた「日本仕事百貨」という求人サイトには地方からの求人が多く、仕事の内容や働いている人をきちんと取材して紹介しているので、見てもらえば、役に立つと思います。仕事現場だけでなく、周辺の人が移住者に対しどんな態度なのか、なども紹介する、きめ細かい内容になっているので、その仕事に就いたら、将来、自分がどんなふうに生きているのか、ということが想像しやすいはず。だから、いざ移住して仕事を始めたとき、「思っていたのと違っていた」とはなりにくいんです。今までこのサイトでマッチングして72%は採用になっています。仕事を探す場合も、環境や人とのマッチングは大事で、そこがうまくいけば、あとから嫌になることは少ないと思います。

「環境の変化によって いいアイデアが浮かぶ。 それが多拠点居住の 最大のメリットですね」

CHAPTER 2

Change the KURASHIKATA

SOME STORIES
暮らし方を変える

家がこんなに心地よい場所だったなんて知らなかった。家族との会話も増えた…。
「移住」で日々の暮らしはこんなに変わる。

暮らし方を変える 1

自然に沿った生活を求めて親子で気ままに里山暮らし

千葉県都市部↓
千葉県内房エリア

都市にもほど近く自然豊かな内房エリアで
自分たちの暮らしをていねいに紡ぐ龍一さん、
下道千晶さん夫妻。移住のキーワードは
“農業”と“子育て”だった。

下道《したみち》千晶《ちあき》さん・パートナーの龍一《りゅういち》さん

龍一さんは大学卒業後、営農。(株)耕す、(株)ファーマインドで農業に従事。千晶さんはモデルとして活動後、結婚。今もモデル、染色家、一児の母とマルチに活動。

農業が好き、という思いが結んだ二人の縁

千葉県内房エリアは、海と里山に囲まれた豊かな自然がある一方、新しい商業施設も続々オープンし、暮らしやすさがアップ。近年移住地としての人気が急上昇している。そんな内房エリアで暮らすのが龍一さん、下道千晶さん夫妻。夫は農家、妻はモデルとして活動するお二人は、ともに都市部で育ち、20代で運命的な出会いを果たした。

　千晶さんのモデルデビューは大学生のとき。ファッションそのものが好きだったことから、卒業後はアパレル会社に就職し、モデルとデザイナーという二足の草鞋《わらじ》をはき、多忙な毎日を送っていた。

「でも、最先端ファッションを追いかける生活は目まぐるしくて、だんだん疲弊してしまって。体調も崩し、自分の生き方を考えるようになりました。誰かの決めた価値を追いかけるよりも、自分がいいと思うものを選べるような生き方がしたいなあ」。

　そのとき彼女の頭をよぎったのは、山形の祖母の暮らしだった。農家を営む祖母の家は昔ながらの民家で、遊びに行くと、軽トラックに乗って畑に野菜を採りにいき、それを食べるなど、自然のサイクルに沿った生活が楽しめた。いつかあんな暮らしがしたいと思い始めていたころ、とあるコミュニテ

龍一さんが働いていた（株）耕すの農場。ここで有機栽培についていろいろと学んだ

ィカフェで出会ったのが龍一さんだった。カフェを運営しつつ、街おこしとオーガニック野菜づくりをする龍一さんと話をするうち、考え方の方向性が同じだと気づいたという。

　龍一さんが農業に興味を持ったのは学生時代。２か月ほど滞在したインドでの体験が大きかった。

「インドの集落の暮らしは貧しいけれど、とても豊かでした。たとえば牛乳屋さんは牛を連れて家の軒先まできて、乳を絞って売るんです。テレビも携帯もないけど、本当、豊かだなあと思いました。じゃあ日本の良さってなんだろう。自分に問い直したとき、たどり着いたのが〝里山文化〟でした。人と自然が調和する里山での暮らしこそが、もともと日本人が守ってきたもの。よし、里山や環境をテーマに活動しよう。そう思いが定まり、茨城県の環境保全活動をしているＮＰＯ法人で1年間インターンシップに参加して、農業経験を重ねました」。

　大学卒業後は地元で運営する新規就農者を育成する研修事業で１年間、市内の農家の元で農業研修に従事。その後、畑を借りることができ、無事、営農生活をスタートさせた。龍一さんもまた、農業に憧れる千晶さんの思いを感じ取り、二人はすぐに意気投合。ほどなく、新婚生活をスタートさせた。

オーガニック農業を極めるため内房エリアに移住を決意

　当初、龍一さんは地元での営農に志を持っていたが、環境は野菜づくりに最適とは言い難く、別の場所でもっとオーガニック農業を勉強したいという思いが高まっていった。そんなとき、内房エリアにある『(株)耕す』の農場長から「一緒に働かないか」と声がかかる。その環境やコ

生まれたばかりのふうた君を連れて、親子3人で畑へ。幼いときから土に親しむことができるのは貴重だ

長男のふうた君が近所で拾った宝物

木造2階建ての日本家屋は5LDKと広々しているので、両家のご両親も気軽に泊りがけで遊びに来る

ンセプトには十分納得ができ、就職を決意。同時に内房エリアへの移住も決めた。

「農業をやるだけなら、ほかにも選択肢はあったんですが、いきなり全く知り合いのいない別の県に行くのは、あまり現実的ではない。友達も親もいる県内のほうが安心だろうと思ったんです」と龍一さん。一方、千晶さんはモデルの仕事を続けていたので、東京に通える場所がよかった。移住先近くからは高速バスが15分に1本出ており、東京や横浜までは1時間前後。内房線も使えるなど交通の便はよく、移住に異存はなかった。

話が整い、二人が内房エリアにやってきたのは2016年のこと。初めての土地だったため、最初は賃貸住宅で様子を見ることにした。

「借りたのは木造平屋の50㎡の家で、

土を耕し、種をまき、収穫を迎えるという畑作業は「自然相手だから難しいぶん、楽しい」と語る龍一さん。右は龍一さんが2018年に収穫した春ニンジン。曲がりなし、サイズ良しの上々のできだった

賃貸料は月5万円。駐車場と庭も付いていたので、かなり格安でした。暮らしてみると、スーパーに並ぶ魚も野菜も新鮮で安いので、おのずと自炊が増え、外食費を抑えられました。生活費全般が安く済むし、暮らしやすい街だったので、これなら定住しても大丈夫と確信できました」。

憧れの古民家で始まった親子三人の暮らし

そして2年後、長男のふうた君が誕生したことをきっかけに、定住を視野に入れ、大きな家に引っ越そうと夫婦の意見が一致。チラシなどを頼りに古民家を見て回り、今の家と出合った。売りに出る直前まで前の住人が住んでいたため傷んでいるところもなく、2階建ての5LDKと広さも申し分ない。母屋のほかに離れもあり、庭と駐車場が付いていていた。ただし、快適な住まいにするには少々手を入れる必要があり、リフォーム代が多少かかった。

「私も夫も背が高いので、キッチンを10センチ高くしたり、床暖房を入れたりしました。でも、うん、住みやすい家になったので満足です」とほほ笑む千晶さん。

立地は内房エリアでも少し奥まったところ。幼い子どもを連れた若い夫婦に対し、近隣の反応が心配だったが、思いのほか好意的だった。わざわざ梅干しを携えて訪ねてくれたり、庭の手入れ方法を指南してくれたりと、周囲の人たちがどんどん距離を縮めてくれた。

「伐採した庭の木の処理に困っていたら、近所の人が『俺の山に捨てればいいよ』って、軽トラックで運んでくれたときはびっくりしました。山を持っていらっしゃるんだ、スケールが違うなあって（笑）」。

庭の一隅で家庭菜園にもトライ。スナップエンドウや芽キャベツなどが元気に育っている

ふうた君（中央）が通う保育園では、公園や園庭など屋外で過ごすのが恒例。毎日泥んこになりながら成長している

親子で料理も楽しむ。ふうた君が持っているのは3人で手づくりしたお味噌。「おいしいから食べてみて！」とそのできばえにふうた君も満足そう

また、子育て環境という意味でも、この町はすでに離れがたい場所になっていた。

「ふうたが幼いときから、市内にある保育園に通わせているんですが、シュタイナーを主体にした里山保育をやっていて、とてもおもしろい保育園なんです。自由度が高くて、たとえば、お絵かきの時間は題材も色も自由に選んでいいし、席も決まっていません。子どもたちがケンカしていても、大人は介入せず、子どもたちに解決させるのが園の方針。親同士も理解しているので、もめることもありません。とてもいい保育園なので、ここを辞めさせたくなかった。その縁もあり、ここで暮らしたいと思えたんです」。

さらに、子どもの足で通える範囲内に小中学校があり、将来、ふうた君が東京の大学に進学したいと考えたとしても、ここならぎりぎり通学範囲。ふうた君の選択肢を狭めない場所、という視点からも、都市と田舎の中間にあるこの家は合格だった。

それぞれの新たな挑戦も自然に沿った暮らしがベース

内房エリアに移住して5年目。二人は、今、新たな挑戦を始めている。龍一さんは、青果の流通を行う会社に転職し、農場の立ち上げに関わり始めている。

味噌づくりに挑戦する龍一さんとふうた君。できあがったのが上の写真のお味噌

自然と寄り添うように暮らす千晶さん親子。里山も海もまるで自分の庭のように暮らしている

「もともとフルーツを扱っている会社で、今、千葉でブドウをつくろうと計画しています。農地買収から関わり、これから形になっていくので、楽しみです」。

一方、千晶さんは、長年やりたかった藍染めの染め直し活動をスタートさせた。

「自分の大切な一着を、手をかけて長く着続けるのって、豊かですよね。シミができたり、色あせてしまった服も、染め直せば長く着られます。〝捨てない〟という生き方を考えるきっかけになればと思い、この活動を始めました。今、計画しているのは、我が家で染め直しをして、マクロビオティックのお弁当を食べて、ヨガをやる、という一日かけた〝サスティナブルなワークショップ〟。お弁当もヨガも、ママ友にプロがいるんです。だから、彼女たちと連携して、地域とコラボしてやれたらいいなと思っています」。

それぞれの生きがいを持ち、ふうた君ものびのびと暮らす毎日。そんな生活が手に入ったのは、やはり都市に近く、里山もあり、住民もおおらかな「プレ田舎」内房エリアに移住したからこそ。肩ひじ張らず、自然に沿った生活に、満足そうな二人の笑顔が印象的だった。

「いい服は染め直して長く着るのが自然のサイクル」と藍染め染め直し活動に取り組む千晶さん

下道さん・龍一さんの移住 DATABASE

Before After

	移住前		移住後
居住地	都市部	→	内房エリア
家族構成	2人(夫、妻)	→	3人(夫、妻、子ども1人)
住まい	賃貸住宅50㎡ 5万円/月	→	古民家　5LDKを購入
仕事	夫:農業、妻:モデル	→	夫:農業、妻:モデル、染色家
趣味	外食、映画を観る、美術館に行く	→	料理をする(特に夫が家で料理をすることが増えました!)、DIY、庭仕事、キャンプ・ピクニックなどのアウトドア

Question

移住のきっかけ	夫が内房エリアの(株)耕すに就職した
移住先を決めたポイント	夫の仕事先と近い、保育園が気に入った
交通事情	車はあったほうが便利。最寄り駅までは車で10分程度
公共サービスの充実度	ガス・水道・電気などは都市部と変わらず。 小中学校は子どもの足で徒歩15分
収入や支出の変化	収入は千晶さんが会社員でなくなり一時的に減少したが、モデルと染色家の仕事が軌道に乗り始め、引越してきた当初よりは増加。支出は減少した。
支援制度の利用	なし
ご近所付き合い	移住者も多く、地元の人もおおらかで優しい
移住してよかったこと	息子がのびのび育っている。 妻が夢だった染め直し活動を始められた

今すぐアクセス!

ふるさと回帰支援センター

東京・有楽町の東京交通会館内にある移住相談センター。
東京・大阪を除く45道府県の自治体と連携して、
具体的な情報提供と支援を行っている。

実績多数、情報も満載の移住希望者の強い味方

地方暮らしやIターン、Uターンなど、「移住」を考えている人なら、まず足を運びたいのがここ。地方移住を支援するために、2002年に開設された認定NPO法人だ。移住に関する相談件数は年々増え続け、2020年には、コロナ禍でも約3万件の相談に応じている。

気軽に相談に応じてくれるので、ぜひ声をかけてみよう

ずらりと並ぶ各道府県の相談窓口。専属の相談員が待機している

展示パネルや資料展示コーナーで情報を探すことができる

移住希望者のアンケートから

センターを実際に訪れた人のアンケートによると、2020年の移住希望地上位3県は、東京からアクセスのよい静岡県、山梨県、長野県となった。昨年までは、長野県が3年連続1位で、ベスト3には山梨県と静岡県がたびたび登場。この3県が、不動の人気県といえそうだ。また、移住地に求めるものは、仕事、自然環境、住居と実に現実的。移住に対する本気度が伝わってくる結果となっている。

移住希望地ランキング

1位	静岡県
2位	山梨県
3位	長野県
4位	福岡県
5位	宮城県

移住先選択の条件は？

1位	就労の場があること
2位	自然環境がよいこと
3位	住居があること
4位	交通の便がよいこと
5位	気候がよいこと

※その他を除く

認定NPO 法人ふるさと回帰支援センター

東京都千代田区有楽町2-10-1東京交通会館8F
10:00 ～ 18:00 火～日曜（定休日: 月曜・祝日）
☎ 03-6273-4401
https://www.furusatokaiki.net/
ginza@furusatokaiki.net

営業時間内ならだれでも入場できるフロア内には、地方移住に関するパンフレットや資料がずらりと並ぶ「資料コーナー」があり、興味のある地域のパンフレットを気軽に入手できる。また、各道府県のブースが設置されており、ここでは、その地域の相談員が具体的な地方暮らしの情報提供を行うとともに、個別の相談にも親身に応じてくれる。もちろん相談は無料だ。

センター内にはハローワークもあり、全国の求人情報をもとに職員が相談にのってくれる。

ほかにも、「移住相談会」や「ふるさと暮らしセミナー」などのイベントを年間350回程度実施し、移住希望者のサポートを行っている。

もちろん、ホームページ上でもきめ細かな情報を随時公開しているので、こちらもしっかりウォッチしておきたい。

石川県↓世界一周↓東京都
↓石川県七尾市

暮らし方を変える 2

田舎で子育てをしたかった 季節を感じられる暮らしを満喫中

結婚がきっかけで能登に移住した任田さん。
地域おこし協力隊の活動を通じて
地元の人とつながってきた。
今では2人家族が4人家族に。

任田和真《とうだかずま》さん

大学卒業後にピースボートに参加。3年間で約50か国を旅し、国際協力事業に尽力。移住後は、地域おこし協力隊としてさまざまな活動を行っている。

少し足をのばせば、おだやかな七尾湾にカキ筏が浮かぶ海景色に出合える。カキは、能登の冬の旬の味覚

能登半島の中央に位置する七尾市の北部にある高階地区。森や田んぼ、畑など、豊かな緑が広がっている

子育ての理想の地を探して移住を決意した

ピースボートに乗船し、世界中のさまざまな地域を見てきた任田さんが移住を決意したのは、結婚がきっかけだった。奥様とは世界を巡っていたときに出会ったという。2人の子育てに対する価値観は一致していた。

「発展途上国では、子どもは自分の家族だけで育てるんじゃなくて、村の一員として地域で育てるという環境がある。それは子どもにとっては理想的だなと思ったんです。そのときは新宿に住んでいたんですけど、ここでは地域の中で子育てをするというイメージは持てなかった。じゃあ、そんな環境がありそうな田舎に移住しようと。それには妻も同意してくれました」

移住先は任田さんの出身地である石川県に決めた。ただ、任田さんの故郷である小松市は利便性が高く住みやすい街だが、都市的なライフスタイルに近いのでイメージと違う。

「で、石川県の田舎といえば能登だろうと。そこでふるさと回帰支援センターに相談に行きました」

ここで七尾市の移住コンシェルジュ・太田さんを紹介され、移住計画は具体化していく。

「1回おいでよ、と言われ七尾市に足を運びました。最初は、地域の公民館に行って、自治会長さんとか町会長さんに会ったんですけど、すごい好意的に受け入れてくれて、いろいろな話を興味をもって聞いてくれました」。

　七尾市は移住者が多い地域で、地元の人たちにも移住者に慣れている。地元の人たちにも「ぜひ来てくれ」と温かい言葉をかけてもらったという。

自宅は5LDKの平屋の古民家を購入。自ら手を動かしてリフォームし、住みやすい環境を整えた

「もちろんほかの自治体も回ったんですけれど、ここは移住者同士のつながりがあって、移住者が町をよくしようという活気があった。人も元気だし、ここなら楽しいことができそうだな、という感覚があり、なにより僕たち若い夫婦を求めてくれる地域の強い想いが伝わってきました」。

　家探しも移住コンシェルジュの太田さんのお世話になった。田舎の古民家は、10ＬＤＫなど広すぎる間取りの家も多いが、運よく夫婦2人で管理できる３ＬＤＫの平屋が見つかった。地域おこし協力隊の前任者が住んでいた家だったので、すぐに住める状態だったという。

　この地域では、移住定住を促進するために、空き家の家賃をおおよそ3万～3万５０００円程度にしようと地域で決まりを作っている。七尾市では、独自に県外からの移住者を対象に

試行錯誤しながらも、多くの野菜が育つようになってきた。畑仕事も暮らしの醍醐味のひとつだ

家賃補助をしてくれたり、転入して3年以内に新築または空き家を購入すれば最大１００万円の補助も受けられる。

「最初は賃貸でした。私は地域おこし協力隊として仕事をしていたので、家賃は協力隊の活動経費から出していただいていたんです。でも今は持ち家に。土地込み４００万円以下で購入できました。賃貸のままでもよか

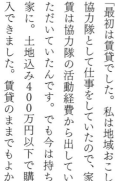

ったのですが、不動産取得の補助が受けられたことも思いきって購入しようと思った大きなきっかけです」。

電気や水道に不便はなく、ガスは「ちょっと高いけど」プロパン。ウッドデッキを増設したり、砂壁を子どもがさわって落ちてくるので漆喰で塗ったり、朝、窓が湿気でびちょびちょになるので、二重窓にしたりと、自らの手でリフォームして、暮らしやすい家にした。

うれしいのは畑があること。

「妻が、自分で野菜を育てて食べるものを作りたいと言っていたので、それが叶えられました。畑は難しいけど楽しいですね。同じ場所に同じ作物を植えたら全然育たなかったりとか、肥料を入れたのに育たなかったりとか、おもしろいですね、いろいろ。近所の人も教えてくれます、というか、いつの間にか勝手に耕作してくれている。あれ、植えた覚えがないのにオクラが植わってる、とか…（笑）」。

もちろん、戸惑ったことも多かった。たとえば、町会費が年3万円と高かったこと。地域のつながりのなかで、参加したり、お手伝いしなければならない冠婚葬祭の付き合いが多いこと。さらに草刈りなどの地域活動。「驚いたのは、回覧板のお知らせに、〝草刈り機を持ってきてください〟と当たり前に書いてあるんです。草刈り機なんて持ってないですよ」。

地域おこし協力隊の活動で地元の人とつながった

任田さんは、2021年3月まで3年間にわたって、地域おこし協力隊として、さまざまな活動を行ってきた。なかでも特に手ごたえを感じたのは「集落の教科書」という、この地域のしきたりや風習を明文化した本を作ったことだ。移住者に対する支援制度

自分たちの手で育てた野菜は格別。いただきものも多いので、野菜はほぼ買うことはないという

冬場は30センチ以上の積雪があることも。各家庭でも除雪道具を常備し、ご近所さんで協力して雪かきを行う

ADIDAS

はもちろん、この地域ならではの冠婚葬祭のルール、地域のサークル活動、小学校の部活動や給食費の金額など、実際に暮らすときに役立つリアルな情報がまとめられている。移住者にとっては、心強い一冊といえそうだ。

「引越してきたときの挨拶回りの順序とか、大事なんですよ。ここでは、お世話をしてくれる班長さんや町会長さんと一緒に挨拶回りをするのが一般的なんです。で、そのときはお土産を持っていかなくてはならない。そのお土産も難しくて、ティッシュとか洗剤とか、クッキーとかの消耗品がいいんです。タオルなんかは、みんな持っているから」。

「集落の教科書」をまとめる際には、全部聞き取り調査をした。

「その過程がおもしろくて。同じ日本でも全然文化が違うとか、地域のコミュニティーの仕組みを知ることができて、地域の方ともつながりができた。地域の課題も見えてきました」。

この課題が次の活動につながっていく。「この地域には慣例的な行事しかないんです。みんなが自分から参加したいと思うようなイベントがないし、ここに行けば誰かに会えるという場所がない。なので廃校になった小学校を使ってエンタメイベントを企画しました」。

廃校を舞台にしたイルミネーション、ビアガーデン、ドライブインシアター。２０１９年に開催した７・70（ななお）ｍの恵方巻を作るイベントは大好評で、翌年には２０２０㎝の恵方巻作りに挑戦。

「基本的には地元の方向けに企画したイベントなんですが、メディアに取り上げていただき、地域以外の方にもたくさん来ていただきました」。

任田さんは、地域おこし協力隊の任期を終えたあとも、こうした地域活動

集落の教科書
石川県七尾市高階地区
良いことも、そうでないことも、ちゃんと伝えたい

「良いことも、そうでないことも、ちゃんと伝えたい」という思いを込めて制作された「集落の教科書」は全44ページ。住居について、買い物について、交通やライフライン、ごみ出しのルール、災害時や救急時の対応、お葬式についてなど、暮らしに役立つ詳細な情報を掲載している

地域おこし協力隊として、町を活性化するイベント開催等に力を注いできた任田さん。長い「恵方巻」を作るイベントは、世界で初めて「カニカマ」を開発した株式会社スギヨとのコラボレーションで実現した

を続けていきたいと考えている。

「移住してよかったと思うのは、季節が感じられること。春には田おこしがあって田植えがあって、夏には稲穂が実って、秋には収穫して祭りがあって、冬には海産物がおいしくなる。四季を感じられる暮らしなんです。都会で暮らしていたときは、家は帰って寝るだけの場所だったけれど、今は家にいる時間がすごく増えました」。

もともと地元で暮らしていた方や、移住してきた方々と一緒に食卓を囲むことも。いつのまにか仲間が増えた

夫婦2人暮らしが、男の子が2人生まれて4人家族になった。子育ての理想の地として移住してきたが、ひとつだけ誤算があった。

「実際にこの地で子どもを産んでみたら、同級生が一人しかいないんですよ。下の子にいたっては一人もいない。私も妻も近所に同級生がいるのが当たり前だったのに、この子たちは誰と遊ぶんだろう?と。習い事をさせるにしても選択肢が少ない。こういうところはすごく考えます」。

とはいえ、おおむね現在の暮らしに満足しているという。海も川も山もある七尾。休日に子どもと自然のなかに出かけるのが一番楽しい時間だ。コンビニへは車で5分。車で10分のスーパーには、毎日、魚コーナーに新鮮な旬の魚が安く並んでいる。野菜は基本的に家で作ったものだ。

「移住は、自身がどんな暮らしをしたいのか、どんな人生を送りたいのかを思い描き、それを叶えられる環境を取捨選択することで、主体的に人生を歩んでいくことだと思うんです。暮らしは観光とは違う。実際に現地に足を運んで、現地の人と接点を持ちながら、自分たちに合う場所を探すこと。そしてその選択が正しかったと思えるように、移住してからは選り好みせずにまずはどんどん行動を起こして、地域の輪に入っていくことが大切だと思います」。

夫婦で移住してきてから、男の子が2人生まれて、家族が4人に。女の子もほしい！と任田さん

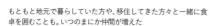

任田さんの移住 DATABASE

Before After

	移住前		移住後
居住地	東京都	→	石川県七尾市高階地区
家族構成	1人(自分)	→	4人(自分、妻、子ども2人)
住まい	賃貸マンション	→	古民家　3LDKの平屋を購入
仕事	会社員	→	地域おこし協力隊 退任後は、地元の会社に就職
趣味	サッカー	→	農作業・料理

Question

移住のきっかけ	結婚。理想的な子育ての環境を探して
移住先を決めたポイント	移住者が多く活気があり、 おもしろいことができそうだった
交通事情	車があれば問題ない
公共サービスの充実度	移住者には手厚い支援がある
収入や支出の変化	食費は安くなった
支援制度の利用	家の購入の際に補助金を活用(100万円)
ご近所付き合い	地域活動を通じて多くの友人・知人ができた
移住してよかったこと	四季を感じる暮らしができている

神奈川県↓
岩手県陸前高田市

ありのままの陸前高田を伝えて 人と町をつなぐ地域おこし協力隊

神奈川でJRの駅員として働いていたとき
「岩手のために何がしたい?」と問われてUターンを決意。
陸前高田市の移住定住の窓口で
人を呼び込むコンシェルジュに!

松田《まつだ》道弘《みちひろ》さん

1986年、岩手県遠野市生まれ。陸前高田市の地域おこし協力隊として、特定非営利活動法人高田暮舎で移住コンシェルジュとして活躍中。2019年にUターン移住。

陸前高田の海。夕日が海面をオレンジ色に染める

上司の言葉をきっかけに新たな道・地域おこし協力隊へ

岩手県東南端、三陸海岸の玄関口であり、宮城県との県境に位置する陸前高田市。地域おこし協力隊として着任した松田さんは、陸前高田の北側にあたる遠野市で生まれ、高校卒業までを過ごす。盛岡市内の医療福祉専門学校を卒業し、介護福祉士として働いたあと、義兄の勧めでJR東日本の駅員を5年務めることに。

当時、公私ともに仲のよかった上司に「やりたいことは何?」と聞かれ「岩手のために働きたい」と答えた松田さん。その背景には、2011年の東日本大震災の経験がある。松田さんは震災時、地元・遠野市の施設で勤務していた。遠野市は三陸と内陸の中間に位置していたため、支援拠点などが設置された。市内のNPOや町づくり団体が活動したり、それを市民がバックアップしたりしている姿を間近で見ていたこと、大船渡や陸前高田にボランティアに行っていたことが関係しているだろう。

「岩手のために働きたいという思いは、JRの仕事をしていて達成できるのかと問われました。岩手の人のためになりたいなら、町づくりをするために働け、そのためにはまず情報収集から始めろ」。という上司からの猛プ

家族が大集合した年末の餅つき大会。大小さまざまな餅ができて楽しい

ッシュがあった。

情報収集をしていると、東京・有楽町にある「認定NPO法人ふるさと回帰支援センター」へたどり着く。ここは、45道府県の移住情報が集まるサポート施設。岩手県のコーナーでもらったチラシに陸前高田市の地域おこし協力隊があった。

その後、一番最初にチラシをもらった陸前高田に絞って調べていくなかで見つけた市内の一般社団法人の求人に応募したが、採用には至らなかった。JRに退職する意向を伝えるのは次の勤め先が決まってからにしようと思っていたため、2月時点で4月以降に働く場所が決まらず、とても焦ったそう。

「不採用になった一般社団法人で面接を担当してくれた人に、恥をかく前提で電話をしました。その人が別団体の副理事長もされているとのことで、そちらを受けさせてもらったんです。それが地域おこし協力隊として着任した、移住定住の支援団体『高田暮舎』です」。

家の畑。草だらけなところから耕して、半年後にネギと水菜と大葉が無限に生える畑に

高田暮舎に着任して移住コンシェルジュを務める

東日本大震災のあと、ぐっと人口が減った陸前高田市。移住定住のための統括された窓口が用意されておらず、情報の集約や移住者数の把握ができていなかったこの町で、一本化して移住定住に取り組もうと、2017年に「特定非営利活動法人高田暮舎」が設立された。高田暮舎は、移住定住促進のための相談窓口や移住定住ポータルサイト「高田暮らし」、空き家バンクの運営、移住者コミュニティの形成など、さまざまな活動をしている。

また、陸前高田市から地域おこし協力隊の活動支援業務を委託しており、

多くの方のご協力と奥さんの熱心な世話によって1年目から大根がたくさんとれた

2019年、東京のイベントにて。会場で陸前高田ファンとダンスタイムで盆踊り（笑）

お気に入りの家の離れでバーベキュー。さんまとビールで乾杯！

松田さんと同じく、地域おこし協力隊として陸前高田市に着任した人が複数人在籍する。松田さんは「移住定住コンシェルジュ」として、移住を考えている方の相談や、実際に現地にきた方の案内を担当している。

「2020年は70〜80件くらい問い合わせがありました。新型コロナウイルスの影響もあり、現地での案内が気軽にできないので、オンラインで町のさまざまな場所を映しながら案内をしました。思いのほか好評でしたね」。

問い合わせが多くなった理由は、リモートワークになり会社に出社しなくてよくなったことと、地域からスカウトが届く移住スカウトサービス「SMOUT（スマウト）」からの流入だという。

ほとんどは、陸前高田や岩手と関係のない人。なかには、震災のときにボランティアで関わっていたことがある人や、震災直後にできなかったことを震災後10年のタイミングでやりたいと考えている人もいたりするのだという。

知っている土地だから移住のハードルは低かった

故郷、岩手にUターンをするにあたり、陸前高田での暮らしについてはおおよそ想像がついていた。移動のために車の購入が必須だとか、この家賃だと相場より高いといったことを想定できたぶん、岩手に戻るハードルは低かった。

陸前高田市は震災の津波によって大きな被害を受けているため、平地に家は建てられない。それにより高台の土地代が高くなり、アパートで1Kの部屋の家賃も5万5000〜6万円と、東京近郊のベッドタウンにある物件と比べても大差ない価格になっているのだ。

高田暮舎が運営する陸前高田市の空き家バンクは、物件の間取り紹介だけでなく、この家だからこそ楽しめる過ごし方や、家主さんのおすすめポイントなどが書かれている。それは、「空き家の所有者」と「空き家の利用を希望する人」のマッチングを大切にし、不一致をなくすためでもある。

　たとえば、家主（所有者）が陸前高田から離れて生活していて家だけが残っていることもある。周りから見たら空き家でも、家主にとっては空き家ではなく自分の家なのだ。この人だったら貸し出しても大丈夫だと家主に思ってもらい、借りる人にも家のストーリーを知ったうえで、大切にしてもらえるようにマッチングしているそうだ。

「僕も今、家を借りているんです。最初は仮設住宅に住んでいたんですが、取り壊されることになって。お酒の席で、知り合いのおじさんに、仮設住宅を出なくちゃいけないので家はないかと聞いたら、ここを紹介してくれました」。紹介で借りることとなった立派な一軒家には、松田さんと奥さんの二人で住んでいる。

　この家は震災前、地域でも面倒見のよさで有名だったお母さんが住んでいた。震災時は、ボランティアたちの宿泊場所にもなった。

「春夏秋冬、家の周りに花が咲くんです。亡くなったお母さんが庭を大事にされる方だったそうで、それが今でも残っているんです。雑草だと思って刈ろうとしたら花だったようで、花が好きな奥さんに怒られたこともあります（笑）」。

岩手のための活動は〝みんなでやればいい〟と思えた

　地域おこし協力隊として着任する前は、町のために何かしなきゃ、仕事としてしっかり関わらなくちゃといった気持ちが強かった。

「この町の人が幸せかという漠然としたことより、隣のお父さんが楽しく暮らしているかとか、あの家のお母さんが困っていたら寄り添うとか、そうい

特定非営利活動法人高田暮舎は、移住者希望者が移住後も地域のコミュニティに溶け込み、地域での暮らしがイメージできるよう、移住体験者のインタビューや、仕事、家、ご近所付き合い、周辺環境まで、さまざまなことを紹介している。地域おこし協力隊で高田暮舎のスタッフが綴る「高田暮らし」のコラムを読めば、ありのままの陸前高田の日常が知れる。

う身近にあることが一番大事なんじゃないかなって考えに変わってきました」。

仕事をしたり地域で交流をしたりして、町をつくっているのは地元の人たち。みんなの思いをすべて拾うのは大変だが、広くアンテナを張れるようになった。この人と一緒に何かやりたい、自分ができなくてもこの人ならできるという意識で、町全体でやればいいという発想になれたのは、大きく成長できた部分だという。

「この町は廃れていく一方だという言葉の裏側で、地元の人たちは来てくれる人たちに期待しているんです。地元の人と、移住したいと考えている人との間でミスマッチが起こらないように、移住コンシェルジュとして等身大の陸前高田を、背伸びせず正直に伝えて町に人を迎えたいと思って活動しています」。

移住の理由は何でもいい よさもリスクも楽しんで

移住は、何かを成し遂げたいとか前向きな理由だけじゃなくていいと話すのは、彼自身がUターンを決めた理由のひとつに「都会から逃げたい」という思いがあったからだ。

「普通に暮らすことは、大切だと思うんです。都会のよさもあれば、地方のよさもある。移住すれば何かを失うリスクだってあると思います。でも、その変化を、こんなもんだよねって気楽に考えてもらえたらいいなと思います」。

人口1万8000人ほどの陸前高田市。最初は〝どこどこのお兄ちゃんだよね〟と言われ、話しかけられるのにためらいがあったが今ではそれにも慣れた。彼が陸前高田に来て2年が経ち、着実に〝高田人〟になってきているということだろう。

家でとれたレタス。たくさん収穫できたため、スーパーで購入しなくて済むようになった。自然に感謝！

奥さんがもらってきた野イチゴの苗に実が。家でイチゴも食べられるなんて素晴らしい

松田さんの移住 DATABASE

Before After

	移住前		移住後
居住地	神奈川県	→	岩手県陸前高田市
家族構成	1人(自分)	→	2人(自分、妻)
住まい	アパート 4万5000円/月	→	空き家賃貸 3万円/月
仕事	会社員	→	地域おこし協力隊 高田暮舎で移住定住コンシェルジュ
趣味	音楽鑑賞、睡眠	→	音楽鑑賞、睡眠

Question

移住のきっかけ	岩手のために働きたくて地域おこし協力隊に
移住先を決めたポイント	認定NPO法人ふるさと回帰支援センターで 陸前高田の地域おこし協力隊のチラシをもらって
交通事情	車は必須。専用道路が整備された 「BRT(バス高速輸送システム)」があり、 23時まで動いているので便利
公共サービスの充実度	普通。下水が整備されていないため、汲み取りが 面倒だが、慣れればそこまで苦だと感じない
収入や支出の変化	収入も支出も減った。少し余裕が生まれてきた
支援制度の利用	なし
ご近所付き合い	野菜をおすそわけしたり、されたり
移住してよかったこと	岩手に主体的に関われるようになった。 町にも、人にも

移住の第一歩にする人も多い

地域おこし協力隊

本書にもたびたび登場する「地域おこし協力隊」とは、総務省が支援する制度で、都市部に住んでいる人が少子化や過疎などの課題を抱える地域に移住し、「地域協力活動」を行いながら定住を図る取り組み。地方自治体が募集し、希望者は選考を経て隊員に任命される。２００９年の制度開始以来、徐々に規模が拡大し、現在では約１１００団体で、約５６００人の隊員が活動している。隊員は男性が6割、女性が4割で、年齢は10～60代まで幅広いが、20～30代が約7割を占める。

何をする人？

仕事内容は、地域コミュニティー活動、地域や地域産品の情報発信、農畜産業、林業、漁業など地方によってさまざまで、地域活性化につながる業務に従事する。

任期終了後、約6割の隊員が同じ地域に定住している

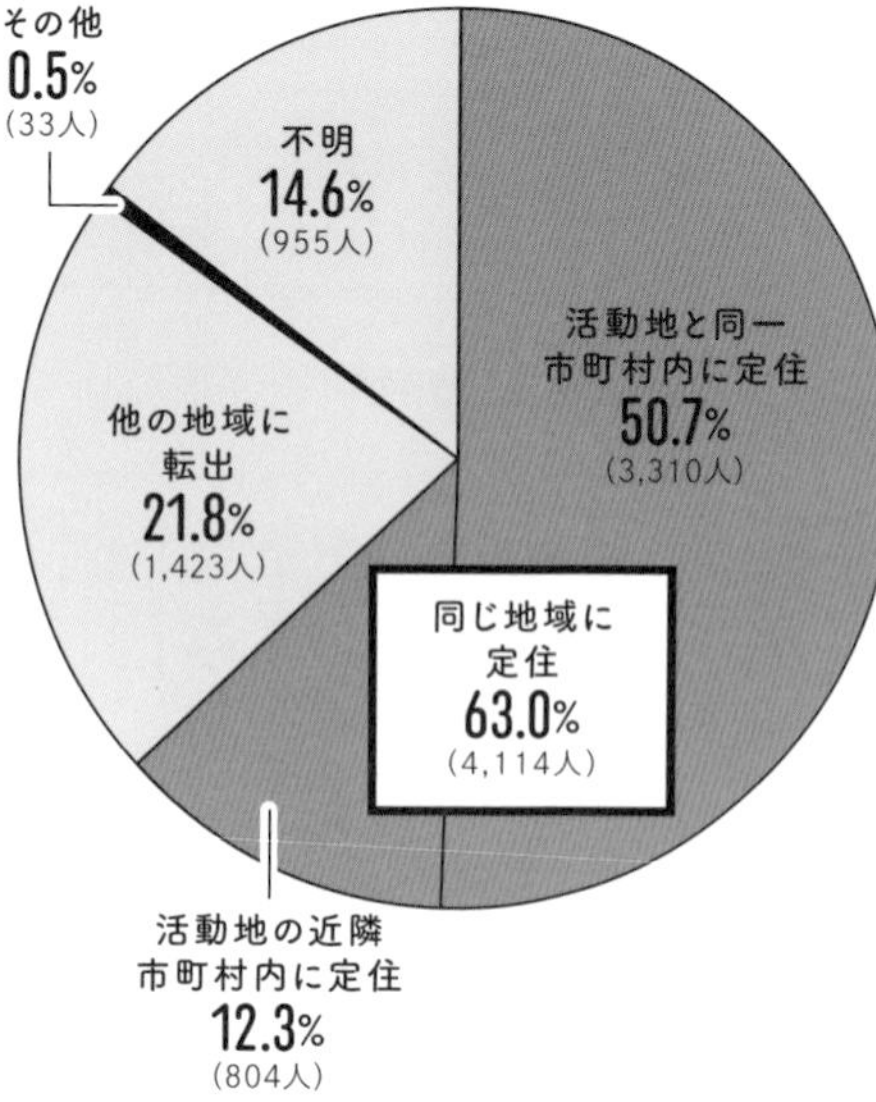

令和2年3月31日までに任期終了した地域おこし協力隊員の定住状況（総務省調べ）

Case 1 任田和真さん → page. 038

石川県七尾市で隊員として活動。「高階地区への移住・定住の促進」という仕事を与えられ、「集落の教科書」という町のしきたりを明文化した冊子を作成した。

Case 2 松田道弘さん → page. 046

2011年の東日本大震災などをきっかけに「岩手のために働きたい」と、JR東日本を退社して隊員に。移住定住コーディネーターとして活動中。

Case 3 粟野龍亮さん → page. 114

隊員期間中は、長野県諏訪地方の観光資源の広報PRなどに尽力。その後ワーケーションも可能なキャンプ場の立ち上げと運営に携わる。

どうしたらなれる？

募集をしている自治体に応募し選考を受ける。選考方法は、各自治体によって異なるが、書類選考（自己PRや志望動機、地域おこし協力隊員として実現したいことなどを記入して提出）と、面接が一般的。

地域おこし協力隊になるためのステップ

① 募集情報をチェックする

↓

② 地方自治体に申し込む

↓

③ 地方自治体が選考・採用

↓

④ 地方自治体が委嘱状を発行

↓

⑤ 採用先に住所を移して活動開始

給料は？ 暮らしは？

任務地に住民票を移すことが条件で引越し費用は自費負担。給料は月16万円程度とされるが、家賃や車のリース代、ガソリン代などを補助してくれる自治体もある。任期は1年単位、3年までと定められている。

協力隊を受け入れる地方にとっては、地域外の人の視点を取り入れながら地域活性化が図れるというメリットがあり、また移住を希望する人にとっては、その土地を知り、その土地に親しむ絶好のチャンスともいえる。実際、協力隊の約6割が任期終了後に活動した地方や近隣エリアに定住しているという調査結果も。

２０１９年度からは、協力隊の活動や生活を体験できる2泊3日以上の「おためし地域おこし協力隊」や、2週間〜3か月の「地域おこし協力隊インターン」制度もスタート。移住のファーストステップとしても活用できそうだ。

＼ トライアルもできます！ ／

おためし地域おこし協力隊	期間	2泊3日以上
	移住要件	なし
	活動内容	・行政、受入地域等関係者との顔合わせ ・地域の案内、交流会 ・地域協力活動の実地体験　等
地域おこし協力隊インターン	期間	2週間～3か月
	移住要件	なし
	活動内容	・地域おこし協力隊と同様の地域協力活動に従事

暮らし方を変える4

大学時代の青春の地
沖縄を第2のふるさとに

神奈川県→
沖縄県那覇市

大学時代に出会った妻の奈月さんや
文化に魅せられ、ハマった沖縄。
さまざまな人と関わることを学んだ地で
"人"を軸に子どもの教育事業などを展開中。

小《お》野《の》間《ま》昌和《まさかず》さん

1987年、山梨県甲府市生まれ。大学時代、沖縄国際大学に滞在した1年間で多くの仲間と出会い、物事を創る・動かす・達成させることを学ぶ。2014年移住し、起業。

きっかけは東京で出会った沖縄出身の女の子

周囲を山に囲まれた自然豊かな山梨県甲府市に生まれ、桜美林大学（以下、桜美林大）入学を機に上京した小野間昌和さん。入学後は高校でも打ち込んでいたサッカー部に入部し、居酒屋でアルバイトも始めた。

大学2年のある日、アルバイト先で沖縄出身の奈月さんと出会う。

「なっき（奈月さん愛称）は、サッカー部の友達の友達でもありました。付き合うようになって、周りに沖縄の友達が増えていったんです」。

奈月さんは沖縄国際大学（以下、沖国大）に籍を置き、協定校の単位互換制度を利用して桜美林大に1年間「国内留学」をしていた。大学にそういった制度があることを知った小野間さんは、奈月さんの帰沖のタイミングに合わせて、大学3年生の春に沖国大へ。

奈月さんに連れられ、沖縄の伝統芸能であるエイサーに出合い、これまで知らなかった沖縄の文化に触れ、衝撃を感じたという。

「沖国大に『琉球風車《りゅうきゅうかじまやー》』というサークルがあって、そこでエイサーを初めて見ました。地域の福祉活動やイベントなどに参加して街の活性化などに関わっているんですが、そうしたことに自分が携わるようになったことにもびっくりしました」。

山梨の友人からもらったブドウを使って
息子さんのために作ったフルーツポンチ

エイサーサークルの一員として、仲間とともに切磋琢磨し芸能に磨きをかけイベントに出演。島内はもちろん大阪や台湾といったさまざまな地域へ遠征に行ったのもいい思い出だ。

“いつかは沖縄で生活を”人生の第2ステップへ

密度の濃い時間を過ごした沖縄での1年間。桜美林大に戻ってから、関東でもエイサー活動をするため仲間を募りサークル「桜風《おうかじ》エイサー琉球風車《かじまやー》」を立ち上げる。大学卒業後も精力的に団体で活動しながらも、アパレルや飲食店などで働いていた。

2013年、団体の活動が安定したことと、自身の30代のライフプランを見据え、奈月さんと結婚したのち沖縄へ移住。友人も多く、一度暮らした経験もあり不安はなかった。

「結婚して子どもを育てるのであれば、沖縄でと思っていました。僕は一人っ子だったから、最初は山梨に住む母や祖母から反対されました。沖縄は遠くに感じるみたい……。それでもいつも応援してくれます」。

沖縄の花、アカバナー（ハイビスカス）！
ふとしたとき元気をもらえるきれいな風景がたくさん

沖縄国際大学のエイサーサークル
「琉球風車」の仲間たち

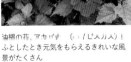

山梨の家族の気持ちを汲みながらも、２０１４年２月には単身で沖縄へ。奈月さんの実家で生活をしながら就職活動を行い、那覇市内の求人広告の会社に営業職で就職。営業数字を追うことや、広告業界、ビジネス・ｗｅｂといったこれまで知らなかった世界を知ることが楽しかったという。そこから稼ぐこと、もっと自由に働けるようにするにはどうしたらいいかなどを会社に提案しながら、漠然とした夢であった起業の準備も進めた。

２０１９年独立を決意し、「『ひ』とが『よ』ろこぶ『こ』とをつくる」をコンセプトに株式会社ひよこ企画を設立。

人をつないで沖縄や山梨に還元したい

ひよこ企画では、教育要素の入ったキッズスポーツ教室「忍者ナイン」の運営や、高校生向けのキャリア教育プロジェクトを受託運営。ほかにも個人として小・中学校の公共事業や、大学と地域の企業をつなぐプロジェクトに参画。幼児〜大学生までを対象に、さまざまな生き方や価値観を知り、子どもが自ら学び、生きる力を見つけていく道しるべをつくるキャリア教育に関わる事業に力を注いでいる。

「沖縄に移住してからも、エイサーを通じて沖国大や桜美林大の学生たちと一緒に活動していました。仕事とは関係なく自然とキャリア教育と似たことをしていたんです。これまでやってきたことが、点と点でつながった感じがしましたね」。

独立して自由に動けるようになったことで、故郷・山梨や沖縄の未来を担う子どもたちに対して何かしら還元できたらという思いも生まれた。「どんな目的を持ってどんな人生を送りたいのかを共に考え、その人がよりよく楽しく次のステップに進めるように後押ししたいです」。

移住してから一男一女をもうけ、私生活もにぎやかさを増してきた。地

上：お世話になった方のペンションがある、うるま市の伊計島に　下：マングローブカヤックでガジュマルも間近に見られるパワースポットへ

域のゴミ拾い活動や自治会、保育園の保護者役員への積極的な参加など、これからも常に〝人〟と関わり続けていくのだろう。

波の上ビーチもすぐそば。2021年には娘さんも生まれ、ますます楽しい一家に

息子さんが好きな海の生き物のフィギュア。毎週のように沖縄美ら海水族館に行っている

小野間さんの移住 DATABASE

Before After

	移住前		移住後
家族構成	2人(自分、妻)	→	4人(自分、妻、息子、娘)
住まい	賃貸マンション1DK	→	賃貸マンション2LDK
仕事	会社員	→	会社員→独立(会社役員)

Question

交通事情	車社会で、ときどき渋滞に悩まされる 日常生活を送るのに、バスはほとんど使わない
公共サービスの充実度	那覇市では特に不便は感じない。山梨の水はおいしかったと感じることはある
支援制度の利用	なし

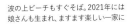

東京都↓長野県↓
兵庫県朝来市

暮らし方を変える 5

自然を求めての移住
畑を作りながら無理のない暮らしを

長野の大自然に魅了され、自然な流れで
長野県安曇野市で暮らし始めた嶋崎望さん。
次第に自分らしい、心地よい生き方や
環境が見つかっていく。

嶋崎望《しまざきのぞみ》さん
東京都出身。都内の飲食店などでサービス業を行うも、2014年に長野県へ移住。2021年より結婚を機に兵庫県へ移住し、かねて興味のあった農業を夫・幹太さんとともに行う。

リゾートバイトを機に東京から長野へ

兵庫県朝来市、山々に囲まれた農村地へ移住した嶋崎望さん。今回２度目の移住という彼女だが、初めての移住は出身地の東京から長野県安曇野市へ。２０１４年のことだった。

「それまでは東京で働いていましたが、なんだか疲れてしまって。やりたいこともないけれど東京から出たいと思っていたとき、たまたま上高地での住み込みのリゾートバイトを見つけたのが移住のきっかけです。冬季閉山のリゾートだったので、仕事が終わった11月からは安曇野市にアパートを借りて住み始めました。長野の景色がきれいすぎて、そのまま自然の近くにいたいと思ったんです」。

その後、タイで学んだタイ式マッサージの経験を活かし、温泉施設のほぐし処でセラピストとして働くことに

お米を苗作りから始め、少し芽が出たところ。畑はおばあちゃんも手伝ってくれる

なった。ただ、歩合制の仕事だったため、お客様が付くまでは、スーパーでアルバイトをしながらやりくりしていたという。

「セラピストの仕事が決まるまで、1か月ほど仕事を探していたのですが、なかなか仕事が見つからずに病んでいました(笑)。東京と違って仕事がたくさんあるわけではないので、ある程度、どういうことをやりたいのか目星をつけておいたほうがいいかもしれませんね」。

当初は安曇野市で月5万円のアパートに住んでいたが、地元の人に会うことは少なく、近所付き合いは東京での暮らしと変わらなかったという。その後、何度か引越したのち、最終的に住んだのは松本市で見つけた家賃2万4000円の古民家だった。

「地元の不動産店がやっている空き家バンクのサイトなども見ていましたが、その古民家は大手不動産会社のサイトでたまたま見つけたんです。市街地からは離れていますが、畑付きの一軒家でした。昔から暮らしている人たちが多い地域で、若い人が来てくれたって喜んでもらえました。野菜やリンゴを持ってきてくれたりして、皆さんあったかくて、とても暮らしやすかったです」。

松本市で暮らしてからは、セラピストの仕事のほかに、近隣のカフェや飲

朝来市に移住する前、夫の幹太さんと新潟の農家に訪れたことも。ヤギと一緒に車で移動

おばあちゃんから加工品作りを教わる。「昔ながらの知恵も繋いでいきたい」と望さん

自宅にはおばあちゃんが使っているかまどもある

食店、リンゴ農家でお手伝いをすることも多かったという。

「セラピストの仕事は融通を利かせてもらえたのと、移住当初住んでいたところと比べると家賃が半額になったこともあり、働く時間を少なくして自分のやりたいことに時間を割くことができました」。

長野から次は兵庫へ 無理のない畑作りを

その後、長野で出会った嶋崎幹太さんと結婚し、幹太《かんた》さんの祖母が住んでいる兵庫県朝来市へ移住。とはいえ、最初から移住先を朝来市に決めていたわけではなかったようだ。

「朝来市に移住する前は、二人で農業の仕事をしに奈良、新潟、長野を転々としていました。いろいろと回りながら、〝農業をしながら暮らせる拠点を作りたい〟と話していたんですが、ピンとくるところが見つからなかったんです。そんなときに、夫のおばあちゃんの家を訪れる機会があり、なんとなくここがいいなと思うようになって……。それが２０２０年９月のこと。自分たちがやりたいことを実現しやすいということで、移住を決めました」。

愛犬のタオともおでかけ。人懐こいタオに毎日癒やされている

現在は、広い畑に畝を作り、無農薬・無化学肥料の米や多品目の野菜を育てている。とはいえ農業だけでなく、望さんはときどき地域の加工所で弁

当や餅を作り、幹太さんは週2回林業の仕事をしている。いわゆる半農スタイルで、自分たちのペースで暮らしを営んでいる。

「二人で生活していくなかで大切にしたいのは、家族との時間を増やすこと、と話していました。そうした暮らしをするうえで何ができるかを考えて、農業も生活のひとつとして始めるようになりました。まずは自分たちの食べるものを自給できるようにしていきたいと思っています」。

農業を始めてから、耕運機の運転もできるように

嶋崎さんの移住 DATABASE

Before After

	移住前		移住後
家族構成	1人（自分）	→	3人（自分、夫、義祖母）
住まい	（東京）実家	→	（兵庫）義祖母の古民家
仕事	（東京）サービス業	→	（兵庫）農業、加工所手伝い

Question

交通事情	基本は車移動。駅まではバスで一本。高速道路も近い
公共サービスの充実度	ガスはプロパンガス。個人医院は近くにあるが、 大きな病院への救急搬送はヘリコプターを使う
支援制度の利用	新規就農支援を市に相談したが、夫の祖母が 所有している土地や整備があるため、市の支援の 対象外となり受けられなかった

神奈川県横浜市&
千葉県南房総市

暮らし方を変える 6

海と山近くの一軒家で週末を暮らす

川鍋宏一郎《かわなべこういちろう》さん

会社員。4 ～ 5年前から週末を南房総市で過ごすようになり、2020年に南房総市に家を新築。

平日を都会、週末を田舎で暮らす2拠点生活。
都心で働きながら週末を自然いっぱいの
南房総市で過ごす川鍋さんに、
2拠点生活の魅力を聞いた。

情報提供：株式会社ココロマチ

全国の移住者のインタビューを公開している「ココロココ」や南房総市のイベントや滞在情報を発信する「南房総2拠点計画」など、WEBサイトを複数運営。
ココロココ　https://cocolococo.jp/
南房総2拠点計画　https://minamiboso-2kyoten.jp/

2020年12月に建てた南房総の家は、広いウッドデッキと大きな窓が開放感あふれる雰囲気

田舎への移住は無理
それなら週末2拠点生活

「金曜日の夜に子どもの習いごとが終わってから、車で横浜を出発。夜10時ごろ南房総の家に着いて、ビートルをプシュッと開けたときに『あぁ、1週間終わったなあ』って思います」。

　平日は横浜市の持ち家に、奥様とお子さん二人、そして犬一匹と住んでいる川鍋さんが、週末を南房総市で過ごす2拠点生活を始めたのは、4〜5年前。当初は家を借りていたが、2020年12月には南房総市にも一軒家を新築した。

　もともと自然が好きで、漠然と将来、田舎に住みたいと思っていた川鍋さん。しかし、都内の企業で働きながら田舎に移住するのは無理だと感じていた。まだテレワークが浸透していない時代でもあり、毎日の通勤をするのに、田舎から片道2時間をかけるのは厳しいと感じていたからだ。そんなとき、「2拠点生活」というライフスタイルを知り、やってみようと興味をもった。きっかけは、建築ライターの馬場未織さんの書いた『週末は田舎暮らし』という本だ。そこには、平日は都会で、週末を田舎で過ごす暮らしが紹介されていた。

　自分だったら、どこの田舎で週末を過ごそう？　川鍋さんは地図を見たり、想像上でシミュレーションをしてみたりしながら候補地を考えた。

「雪深いところは無理だなと思って、長野や山梨は選択肢から消えました。あと、横浜から通うのに渋滞に巻き込まれるところも嫌で。逗子とか鎌倉とか南伊豆だと混みそうだし、もっと自然の濃いところがよかった。それで、『アクアラインを渡れば速いから、房総がいいな』と」。

　アウトドアが趣味の川鍋さんは、何度かキャンプをしに南房総市を訪れたことがあった。横浜の家から車でちょうど1時間半。アクセスの良さと山や海のある自然豊かな環境に魅力を感じたという。とはいえ、それほど土地勘がないなかですぐに家を建てようとは考えていなかった。古民家のリノベーションに興味があったので、DIYなどのさまざまな技術を身に着けようと、南房総市で「ヤマナハウス」が主催するワークショップに約2年参加した。

「ヤマナハウス」は、南房総市にある築300年以上といわれる古民家と里山を拠点に、DIYや里山体験、農作業などのアクティビティを行っている団体だ。都会に住んでいる人が週末を利用して気軽に参加でき、移住者や2拠点生活を送っている人と一緒に作業したり交流したりできる。

「週末、月に何度かヤマナハウスに通って、みんなで古民家を改修したり、畑で野良作業をしたりしていました。そのころは、家族で参加するより僕一人で参加するほうが多かったです」。

空き家を一軒買ったら山がひとつついてきた

ヤマナハウスには、大工仕事や農作業など、さまざまなスキルを持った人たちが集まっていて、手伝いながら学べたという川鍋さん。住まいの情報も口コミで伝わってきたという。

「ヤマナハウスの近所の人から、『この近くの空き家に住んでくれる人はいないかな』という話が回ってきて、僕が借りました。古い平屋で土地は1500坪。それが月2万5000円でした」。

都会では考えられないスケールの広さと安さだが、川鍋さんが言うには「5軒に1軒が空き家」のこのあたりでは珍しくないそうだ。1年ほど家を借りているうちに、大家さんから「もう住む人もいないので買わないか」という話があった。正式に土地を測量したところ、1500坪と聞いていた土地はなんと4500坪。家の前には川が流れ、裏手には山と空き地が広がっている。この山も敷地の一部だ。建物は平屋のほか、大きな納屋が2軒立っていて、金額はすべてあわせて300万円ちょっとだった。


木をふんだんに使った吹き抜けのリビングから緑が見える

週末は薪ストーブの前で家族団らんを楽しむ

薪ストーブの前で至福のひとときを過ごすくろまめちゃん(2歳・オス)(上)。
裏山から木を伐りだし薪割に励む川鍋さん。奥に見える薪棚は廃材を使って自作した(下)

始めは、すでにある家をリノベーションしようと予定していた。だが、床を剥がしてみると基礎がブロック塀の割れたものだったり、壁がベニヤ板1枚だったりと、大がかりな工事が必要な状態だった。

「住むには基礎からやり直さないといけないということがわかったときに、将来のことを考えました。上の子が10歳になる歳だったので、あと10年たって成人したころには、別にもう横浜にいる必要もないかなと。将来、南房総市へ本格的に移住する可能性を考えたときに、ちゃんとした家を建てるほうがいいかなと思ったんです」。

奥様に家を建てる相談をしたところ、びっくりされた。しかし、「家族が泊まりたがらないほど(笑)」もともとの平屋が古かったこともあり、家族で住める家が建つならばそのほうがいいと賛成してくれた。

建築はログハウスメーカーに依頼。総面積は40坪ほどで、大きな吹き抜けスペースがついた約25畳のリビングのほか、4部屋ある。古い家の解体作業は川鍋さんがかなり時間を割いた。

「解体屋さんにやってもらったんですけれど、柱や木材は自分で仕分けして、木くずはドラム缶で燃やしたり、残りは薪ストーブやDIY用に使う予定で残しています」。

南房総には、2拠点生活をしている仲間が多い。家ができてますます交流が増え、DIYの作業もお互いに手助けしあっている。

「結局一人だと、丸太ひとつ動かすにも限界があるので、今週手伝ってもらったら、次は手伝いに行ったり。仲間とフットワーク軽くやりとりするのに持っていてよかったものは、まず寝袋と寝袋の下に敷くマットですね。

ハンモックはお子さんたちのお気に入りスペース

布団を準備しておくのは大変だし、どこでも寝られるスタイルが一番です。工具類も必須。何個持っていても困ることはないです」。

新しく建てた家は、ウッドデッキ付き。床や壁は木材がふんだんに使われ、家具にはキャンプ用具を使うなどアウトドア好きにはたまらない作りだ。南房総市は冬、想像以上に冷え込むことがあるので、リビングには薪ストーブをつけた。裏山からチェーンソーで木を伐りだし、薪にしている。

家を2軒持つ費用については、川鍋さんは投資と考えている。土地の300万円は支払い済みだが、家のローンは横浜と南房総の両方を支払っている。始めは、南房総の家を狭小住宅で建てるなどコストを抑えようとも思ったが、きちんと費用をかけて一軒家を建てたほうが、使わないときに民泊などで貸し出すこともできるし、そのほうがリスクヘッジにもなると考えを変えた。ほかに継続してかかるのは高速料金で、1往復約5000円だ。

週末の田舎暮らしを家族四人と一匹で満喫

家ができてからはほぼ毎週末、家族で南房総暮らしを楽しんでいる。お子さんの習いごとの発表会などがあるときは横浜で過ごすが、2週続けて南房総に行かないことは、新築してから4

お子さんたちもペンキ塗りでDIYのお手伝い

敷地内にキャンプ地を作るべくパワーショベルで工事中

家具や食器にキャンプグッズを使う。ログハウスにぴったり

か月ほどたった今までないという。

「飼っている犬も連れてきているので、裏山で子どもたちと一緒に走り回っています。この間は家族で磯遊びをして、カニを捕まえました。あとは野草のノビルを採りに行って、それを酒のつまみにしたり。こっちの友達がやっている米作りをこれから手伝わせてもらう予定です」。

職場にリモートワークが導入されたこともあり「消耗品も日用品も服も置いているし、もう、ほぼ住んでいますね」というように平日は川鍋さんだけ南房総に残ることも増えている。

そんな川鍋さんは、自分の土地でやりたいことがますます広がっている。

「知り合いから30万円くらいで3トンのパワーショベルを譲ってもらったんです。家と山の間にかなり広い原っぱがあるんですけれど、そこの斜面を切り崩してキャンプ場にしようとしているところです。あとは、敷地内に古い納屋が2軒あるので、自分たちでリノベーションして、宴会スペース兼遊び場にしようと思っています」。

　都内にいるとなかなかできない体験を楽しむ一方、田舎ならではの注意点もある。気を付けていないと山で足を滑らせたり、パワーショベルが倒れてきたり、草刈り機でケガをすることもある。自分の敷地内でも石をど

太平洋に面した南房総。車で約15分で磯遊びができる

南房総の家で平日リモートワークをすることも増えてきた

かしたらマムシがとぐろを巻いていたり、スズメバチが出たりもする。地元の人が獲ったイノシシをトラックに積んで走っているのを見て南房総は思った以上に山だとびっくりしたという。

　将来、本格的に移住をするためにも早めに２拠点生活を始めてよかったというのが川鍋さんの実感だ。

「リタイアしてからだと体力的にも厳しいし、たとえばチェーンソーの目立てだったり畑作業の手順だったり、経験則っていきなり身に着くものではないなと思っています。一時期、住まいのコストは二重にかかってしまうけれど、この期間にいろいろ学んでおこうと思っています」。

　２拠点生活や移住は焦る必要のないものだと川鍋さんは話す。

「その土地で、いろんなところに顔を出して、どんな感じなのか見に行くところから始めたほうが長続きすると思います。２拠点生活もけっこう思っているのと違うことってあるし。結局草刈りばっかりしているな、という週末があったり、ひたすらゴミを燃やしたり仕分けしたりしていて、そのために往復５０００円払って来ているのかとか、モチベーションが上がらない時期もあるので」。

　家族と自分が週末を豊かに過ごせる場所を作り上げた川鍋さん。10年後の本格移住に向けて着実に準備が進んでいる。

工具を使いこなし、古い納屋をリノベーション中。家族と仲間が集うパーティースペースができあがりつつある

川鍋さんの2拠点 DATABASE

Before After

	2拠点居住地		
居住地	神奈川県横浜市	&	千葉県南房総市
家族構成	家族4人と犬1匹		
住まい	横浜市・一戸建て（持ち家）	&	南房総市・一戸建て（持ち家）
仕事	会社員		
趣味	もともと自然が好きで2拠点生活を始めたので変わらず		

Question

2拠点生活のきっかけ	将来田舎暮らしをしたいと思っていたときに、馬場未織さんの本で「2拠点生活」というライフスタイルを知った
2拠点生活の場所を決めたポイント	南房総市へは横浜の家から車で1時間半ほどで行ける。 自然が豊かで山も海もある
交通事情	2拠点生活では基本的に車
公共サービスの充実度	不便は感じない
支援制度の利用	特になし
ご近所付き合い	地元のお年寄りたちがみんな、何かしらの達人でいろいろ教えてもらえる。 移住者や2拠点仲間も近所に多い
移住してよかったこと	オンオフのメリハリがつく。 子どもたちが自然のなかで思い切り遊べる。 10年後の本格移住に向けてDIYなどいろいろなスキルを磨ける

写真：小林俊仁

神奈川県↓
京都府京都市・
長野県御代田町

暮らし方を変える 7

暮らしをおもしろくするのは自分
本間夫妻の暮らしのあり方

藤沢での9年の生活にピリオドを打ち、
この1年で京都と長野の2拠点居住を始めた
本間夫妻。子どもがいるなかで、
どのように2拠点居住を作っていったのか。

本間勇輝《ほんまゆうき》さん・**美和《みわ》**さん

2009年12月から2年弱で夫婦で世界一周。その後誕生した2人の子どもとともに、海外での滞在や、東北での食事業を行う。著書に『ソーシャルトラベル』（ユーキャン）など。

旅を終え、見つけた理想の家族のかたち

2009年、12月。本間夫妻は旅に出た。世界一周の旅だ。旅をしながら二人のなかに培われた価値観は「GOD、Nature、Community」。人知を超えた大きな力への敬意を持ち、消費としての自然ではなく共生を意識し、周りの人と助け合ってともに生きていく。日本だけではない多くの国の文化や人と向き合ってきたから生まれた考えだ。

コロナ禍以前は家族4人で海外に滞在することも。2019年～2020年にはスペインで年越しを楽しんだ

さまざまな国を巡り「暮らし」を見てきた本間夫妻は、日本でどのように暮らしをつくってきたのだろうか。

帰国してから海のそばで暮らしたいと思い、ホームグラウンドとして選んだ藤沢では、近所付き合いから発展した、今後もずっと変わらないであろう〝家族のかたち〟をコツコツとつくっていった。

「バーベキューをしようと声をかけたことをきっかけに、近所の人と本当に仲がよくなりました。お互いに子どもを預け合ったり、小さな農園を一緒に耕したり、お酒を片手に宴会したり……。理想的な関係性を築けていました」。

勇輝さんはコミュニティーの最小単位である「家族」を大切にしている。一緒に生きていく、暮らしをつくっていくのが家族だとすれば、近所付き合いだって家族といえる。こうした家族と呼べるコミュニティーをつくっていくことが、自分たちの理想の暮らしだと知った。

藤沢で生活していた9年間、近所の5組の家族と大家族のような関係に。子どもたちもみんな兄弟のよう

居候からはじまった京都との二拠点居住

地元・藤沢での暮らしを9年。その後の2拠点居住に至ったのは、美和さんの直感からだった。2020年、美和さんがコロナ禍で観光客がいなくなった京都の街を歩いたとき、その雰囲気にビビッときてしまった。「花やパンを買って、鴨川沿いを歩いている幸せな絵が浮かんでしまった

京都・鴨川は子どもたちの遊び場であり、大人がくつろげる場所。美和さんも鴨川のある景色に惚れ込み、移住を決意

んですよね。京都に住みたいって思いを夫にプレゼンしたら、通うなら実現できるかも、と。そこから2拠点の生活が始まりました」。

家探しと仕事探しのため、月に7〜10日ほど京都に住む友人の家に3歳と5歳の息子も連れて、家族で居候させてもらった。実際に住みながら仕事や関係性をつくっていくことで、どんどん京都が好きになっていく。

半年後、セカンドホームとして見つけたのは、友人宅から徒歩圏内にある月4万円の古い町家。風呂なしですきま風の吹く家は、移動にお金のかかる本間家にとって、支出を抑えるひとつのポイントだ。2拠点生活を始めて支出が年間100万円程増えたことで、お金のかかる家賃を抑えることを意識している。

「京都にはワクワクや学びが詰まっています。立派な家で生活するよりも体験にお金を使う方がおもしろいし、幸せにもつながると思えて」。

進学先を探すプロセスが移住への思いを変えた

実は、コロナ前からスペインのバス

居候中、友人家族の子どもと仲良く遊ぶ。京都に友達がいることは、子どもたちにとっても滞在中の楽しみのひとつに

京都に移住してしばらくのあいだ、友人家族が暮らす町屋で居候し、家を探していた

ク地方への移住を考えていた本間夫妻。しかし新型コロナウイルスの収束が見えず、バスク移住は一度白紙に戻した。そこで初めて、子どもの日本での進学を真剣に考え始める。

「翌年から小学生になる長男に対して、普通の学校で喜々として学ぶイメージが持てなかったんです。そこで、より自由に学べる学校を調べて、オンラインで見学したり資料を取り寄せたり……。そのときに友人から長野のユニークな私立学校を紹介されたんです」。

京都で借りたのは、風呂なしの小さな古い町家。風通しがよいので冬の寒い日は家族4人でくっついて過ごしている

勇輝さんは当初「地元の公立校でいい」と考えていた。ただ、よりよい教育とはなにかを考え、調べていくプロセスを経て、進学のための移住を少しずつ受容することができた。

家族での移住を考えたときに、最初に立ちはだかるのはパートナーとの価値観の相違だ。本間夫妻も京都、長野移住と両方壁にぶつかった。しかしながら夫婦での対話を通して、お互いの認識をすり合わせ、それが家族の幸せや理想の生き方を二人で再定義していくことにつながった。

長野の生活は子どもの進学に合わせ4月から始まった。すでに学校生活を楽しみ始めた子どもとともに、初めての山暮らしをおもしろくしていくところだ。

子どもに見せたいのは たくさんのかっこいい大人

さまざまな国を旅し、数多くの風景を見てきた。そのうえで思うのは、きれいな景色を見るよりも、より多くの人と関わることが、子どもたちにとっても自分たちにとってもおもしろいということ。

「2年前に東北旅にでました。〝かっこいい大人を見せる旅〟がタイトルです。毎日農家さんや漁師さんを行脚して一緒にキャベツを収穫したり、船

もうひとつの拠点、長野県御代田町。小さな町なので、町の人もあたたかくてうれしい

上：長野でのある休日、地域のおじさんたちに山椒摘みに連れて行ってもらった　左：同じく長野にて。放課後の子どもたちの学童保育を友人家族と交代でシェア

に乗せてもらったりするなかで『こんなにかっこいいおじちゃんおばちゃんがいっぱいいる』と知ってほしかったんです。男の子だし、思春期に相談したり、困ったときに頼れる人が親以外にもいるのはよいと思っています」。

子どもたちにとって、そこが京都か長野かは関係なく、学校が楽しいとか、自由に遊べるとか、そうした半径1メートルの世界がおもしろいかどうかが大切。そのなかには、家族が楽しくごきげんに生きていることも大事な要素だろう。たくさんの関わりのなかで生きていくことは、本間家にとって、とても幸せなことなのだ。

藤沢で築いた〝家族のかたち〟は、長野でも始まろうとしている。早くも新しい友人たちと、皆で食事をしたり泊まったり、送り迎えやお弁当をシェアしたりと、ゆるやかな大家族のような関係性が築けている。

京都で探求し、長野で耕す本間家の新たな暮らし方

「京都では文化やものづくりに触れる機会が増え、夫婦共々好奇心を刺激されながら探求を深めていっている感じです。逆に長野は、自然に囲まれた気持ちよい場所。町の人たちと顔の見える関係性を築いていけるのも、小さな町の規模だからこそだなと。旅をしながら暮らすのも好きですが、今はなんとなく、自分たちが根ざす場所が欲しい時期なんだと思います。そして、その土地に家を借りて住ませてもらう以上、僕たちがいて良かったと思ってもらえる価値を提供したいです。そのことを考えると2拠点までがちょうどよいと思っています」。

京都にも長野にも、何かを求める消費的な感覚はない。ここで何をしたいのか、何を提案できるのかを考えて、おもしろくしていくのは自分たち。すでにそれぞれの地に根を下ろし始めている本間家から、どんな芽が出て、果実が実るだろうか。

本間さんの移住 DATABASE

Before After

	移住前		移住後
居住地	神奈川県藤沢市	→	京都府京都市・長野県御代田町
家族構成	4人(夫婦、子ども2人)	→	同じ
住まい	賃貸の平屋　3DK＋庭	→	京都：2階建ての町家 長野：友人の家に居候し、家探し中
仕事	自営業	→	自営業
趣味	サーフィン、着物	→	器、食、温泉、キャンプ

Question

移住のきっかけ	スペインへ移住を考えていたが、コロナで断念し、 京都と2拠点に。1年後ホームを長野に移す
移住先を決めたポイント	美和さんが京都を訪れた際に惹かれた
交通事情	京都は電車や歩き。長野は車移動、 どこでも公園は駐車場が広くて無料
公共サービスの充実度	京都は住民票がないと公共施設に子どもを預けられない。長野は車で行ける距離に病院、図書館などがある
収入や支出の変化	年間100万円ほど支出が追加された。 特に長野移住後は暖房代、ガソリン代、学費が追加。 その分、仕事をして収入も増やしていく
支援制度の利用	使っていない
ご近所付き合い	どちらも家族ぐるみでの付き合いが広がっている
移住してよかったこと	長野は自然の中で暮らせること。 京都は文化の刺激があること

憧れの京都暮らしをサポートする応援団

京都移住計画

風情ある町家通りに寺社仏閣。桜や紅葉も美しく、観光地として不動の人気を誇る京都に憧れを抱く人も多いはず。そんな京都への移住をサポートしているのが「京都移住計画」だ。

京都の住み心地は？

140万人規模の都市ではあるが、大きすぎず小さすぎず、程よいサイズ感の街。よそ者に厳しいという声もあるが、地域内や近隣との縁をとても大切にしているので、都会的な希薄さは感じないという。また、桜や紅葉の名所が点在しているので、街に居ながら四季の美しさが感じられ、逆に盆地のため四季の寒暖差が激しく、夏は暑く冬は底冷えするほど寒いのも特徴だ。

「京都移住計画」とは？

京都に移り住む先を作る〟移住応援プロジェクト〟として2012年にスタートした団体。京都でこんな暮らしがしたい、こんな仕事がしてみたいという移住希望者の気持ちに寄り添いながら、京都に移り住むためのハードルを下げる情報を提供している。具体的には、「居場所」「働く」「住む」のハードルを下げるため、イベントやWEB、場合によっては個別での情報提供を行っている。

京都移住計画では

こんなサポートをしてくれます！

「居場所」

居 "京都移住茶論"でコミュニティづくりを

「移住を考える人、移住してきた人たちとの交流の場を作ろう！」というコンセプトのもと生まれたのが、居場所づくりのための"京都移住茶論"。移住というと、Uターンでない限りはたいてい知人友人がいない場所に移り住むため、はじめは孤独を感じる人も多い。だが、地元の人や京都に移住した人たちと移住する前から交流できる場があれば、知っている人たちがいる街に移住することになる。移住する前に友達ができている状態が作れたら、孤独ではなく安心が生まれるということが目的で、参加者同士のコミュニケーションがとれるワークショップを開催している。

「働く」

職 京都ならではの仕事をサイト上で紹介

通常の求人サイトとの違いは、中小企業を中心に、まだ知られていないけれどおもしろい会社を紹介している。たとえば、町家のある景観を守りながら設計施工を行う工務店や、手捺染《てなっせん》からインクジェットまで行う染物の会社など、一件一件取材を行い、直接訪問しないとわからない情報を掲載している。個別相談も行っており、一人ひとりの働き方に合わせた対応もしてくれる。

「住む」

住 オーナー直接の京都らしい物件が豊富

京都移住計画のサイト内で紹介している物件は、京都移住計画のサイト内で紹介している物件は、改装可能な物件も多く、自分なりにアレンジして住むことができる。また、求人と不動産の専門家のメンバーによる「職住一体相談会」も受けており、仕事と住まいを併せて相談することもできる。京都らしい家に住みたい、住居兼アトリエにできる場所を探しているなど、こだわりの条件がある場合は一度サイトをのぞいてみよう。

こんな移住でもOK？

事例別 わたしの京都移住計画

移住といえど、その理由はさまざま。日頃から移住相談にのっている田村さんに事例別でどのような移住サポートを行っているのか伺った。

＼ この方に聞きました！ ／

京都移住計画代表
田村《たむら》 篤史《あつし》さん

東京から京都へUターンし、2012年に京都移住計画を設立。全国20地域以上に広がる移住計画のモデルとなる。そのほか地域で生きる・働くことの選択肢を広げる事業を行う株式会社ツナグムの代表も務める。

Q ノープランだけど京都に住みたい！まず何から始めたらいい？

A 京都移住茶論か移住サポートセンターへ

移住するまでに少し余裕があるのなら、京都住茶論の参加をおすすめしています。まずはどんな人達が暮らしているのかを知り、自分の暮らしのイメージや理想を描くところからはじめてみましょう。興味や関心などを聞かせてもらうことで、それに沿った情報をお伝えできます。現在は不定期での開催の為、京都市の移住サポートセンターのWEBサイトなども参考にしてみてください。

京都移住茶論は、移住前はもちろん移住後にも参加が可能

Q 京都で小さなお店を開くのが夢です。

A 空き物件の情報や出店方法を一緒に考えます

出店の方法もさまざまあると思います。希望に合わせて商店街の空き店舗を紹介したり、ほかの店の一角を借りられるようにおつなぎしたり。いきなりお店をもつのではなく、定期的に出店しながら、ファンをつくってから本格的なお店を持たれる方もいます。考えがまとまっていない場合は、やりたいことを聞かせてもらい、話し合い、夢の着地をお手伝いさせてもらうこともあります。

移住だけでなく、起業や副業などの相談にものってくれる

Q テレワークの導入で会社に通う必要がなくなりました！京都でも仕事はできますか？

▼

A コワーキングスペースの情報をお伝えします

京都内のコワーキングスペースやシェアオフィスの情報提供も行っています。事例としては、東京のＩＴ企業に勤めていた方が京都に移り住み、今はフルリモートで働いている人がいます。ほかにも、東京でコンサルタント会社を経営していた方が、コロナ禍だと東京では動きづらいということで会社を完全リモートワークにし、京都でオフィスを構えた、という人もいました。

用途にあわせたコワーキングスペースを紹介している

Q 家族で京都に住みたいです。のんびり暮らすならどこがいい？

▼

A 京都府内の田舎暮らしはいかがでしょう

子育て環境などで自然の多い場所や、農的な暮らしをしていきたい人は、京都市内の周辺部か、京都府内でも田舎の市町村に目を向けてみるのもいいかもしれません。京都府では、各市町村への移住相談窓口や、移住をサポートする「京都移住コンシェルジュ」もいます。京都府移住情報サイトに情報がまとまっているので、こちらも参考にしてみてください。

農業が盛んな地域や京都市に程よく近い地域、山あいや海沿いの地域など、京都といえどさまざま

こんな活動もやってます

友達を作りながら京都の"食"と出合う！

世界一の美食地域といわれるバスクの食文化をモデルに、全国各地に広がっている「美食倶楽部」。食材を持ちより、集まった人たちで一緒に料理を作って食べる「コークッキング」を行う会員制のコミュニティーだ。京都では、料理好きや食が好きな人のほか、八百屋、佃煮屋、料理人など地元で暮らす人たちが多く参加しているので、京都に移住してきた人にとっても食文化に触れながら、地元の仲間ができる、2度おいしい時間になっている。

京都信用金庫とともに運営するQUESTIONビル8F（DAIDOKORO）を舞台に展開

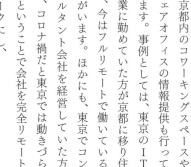

多拠点で暮らすということ。

自由な暮らし方がまたひとつ 人気の「定額住み放題サービス」とは

多拠点生活のひとつとして注目を集めているのが、定額料金で全国好きな住居を転々とする暮らし方。「ADDress(アドレス)」では古民家や遊休物件をリノベーションし、温もりある家と個性的な管理人「家守」によるサービスを展開。その特徴的な仕組みが世代を超え、多くの利用者を獲得している。

全国の空き家を"わが家"にする多拠点居住の新しい形

定額住み放題サービスとは、月々、一定の料金を払えば全国で提携している物件などを好きなだけ利用できる、自由度の高い暮らし方。リモートワークやワーケーションの広がりを受け、急速に認知度が高まっているが、なかでもユニークなサービスを展開しているのがADDressだ。

ADDressの物件は、状態のいい空き家や遊休物件をリノベーションしたものが中心。利用料金は月額4万4000円(税込)で電気代・ガス代・水道代とWi-Fi利用料すべて込み。施設には家具や家電も完備している。会員は個室やドミトリのほか、リビングでの作業も可能だ。

木の温もりが心地いい日本家屋や古民家など1物件あたり1月に最大14日まで滞在できるので、まるで田舎

透明度の高い富岡海水浴場の目の前にあり、マリンスポーツを楽しむ人に人気の南房総邸。かつて民宿だったため館内設備も充実

北鎌倉から徒歩3分の丘の上に建つ。もともとは著名な東洋・考古学の先生の自宅だった

に帰ってきたような気分。こうしたサービスが20代～40代の幅広い世代と職種の人に受け、2019年のサービス開始期に比べ、会員数は5倍にまで増加した。

地域と会員をつなぐ家守が新たなコミュニティを創出

ADDressは複数の会員が同時に一軒家に滞在するシェアハウス形式のため、世代も社会的地位も超えた人々が一堂に会すことが大きな特徴。初対面の場合がほとんどだが、各家に配置されたコミュニティ・マネージャー「家守《やもり》」が、会員同士や地域の人たちとの交流をサポートし、その土地ならではの体験などもプランニングしてくれる。

家守には個性的な人が多く、たとえば逗子A邸の家守、廣川さんは、アウトドアを使ったポテンシャルコーチという顔を持ち、自ら地元の漁師さんとの関係を構築し、会員向け漁師体験を提供している。

「自然の中で人って変われるんです。だから、逗子に来て、刺激をもらい心が緩んで、また明日からがんばろうって思ってもらえたらうれしいですね」と語る廣川さん。ほかにも、地域の人から畑を借りてシェア農場をやったり、地元を盛り上げるイベント参加を促したりと、それぞれの家の家守の活動は、大きな支柱になっている。

地域と一体となったコミュニティが形成され、出会いや気づきの場となり、それが会員の満足度につながっていく。だから会員も観光ではなく、生活者として地方に溶け込むことができる。都市と地方の両方のよさを楽しめるADDressという暮らし方は、次世代の豊かさを生みだす新しいライフスタイルといえそうだ。

ADDressの特徴

- 全国160か所以上（2021年5月現在）に家が点在し、全都道府県を網羅。都市近郊、自然豊かな地域など立地はさまざま。
- 状態の良い空き家や別荘をリノベーションした家のほか、提携宿泊施設の個室もあり。
- 月4.4万円～で、電気代・ガス代・水道代・Wi-Fi利用料はすべて込み。
- 個性的な家守が滞在中の生活をサポート。
- Wi-Fi、寝具、キッチン、調理道具、家具、洗濯機などを完備。

［予約のルール］
- 1物件あたりの１か月利用上限は14日。
- 同じ個室の連続予約は最長7日間まで。利用中に後ろが空いていれば同じ個室に最大14日まで予約が可能。
- 契約は1年間。最低利用は3か月。
- 予約不要で契約期間中にいつでも利用できる好きな家の専用ベッドを別途料金で占有できる。個室タイプもあり
- 住民票登録も可能。

ADDressの場合　#1

久米 恵さん

“暮らす場所”を移動しながら魅力的な人との出会いを楽しむ

定額住み放題サービスADDressに入会すると
実際、どんな生活ができるのだろう。
約2年間、ADDressを使い40か所以上で暮らした
久米恵さんに教えてもらった。

久米恵《くめめぐみ》さん

フリーライター。大阪府生まれ。大学卒業後、いくつかの職業に就いたのち、ワーキングホリデーを利用し渡英。現在は会員制サイトのライター、個人向けのライフスタイルの相談に乗るライフデザイナーとして活動中。

多拠点で暮らすということ。

ダイニングに設置されたテーブルは食事をしたり仕事をしたり、臨機応変に使える

「こんなサービスがあるのか」驚きつつも、即入会を決意

久米恵さんは生まれも育ちも大阪という生粋の浪速っ子。大学卒業後、いくつかの仕事に就いたものの、常に「何かが違う」という思いがあり、30歳を目前に一念発起。ワーキングホリデーを利用して、2年間、イギリスへ留学した。多国籍の人が集うロンドンに住み、「ありのままの自分でいいんだ」と実感できた貴重な年月だった。永住してもいいとまで思ったが、ビザの関係でやむなく帰国。再び大阪で事務の仕事をやりつつ、興味のあったアンティーク雑貨などを扱う事業を自ら興した。

しかし、次第にモノへの執着が薄れていき、自分の仕事にも疑問を感じるように。そこで、一度すべてを手放して、自分を見つめ直す時間を持つことにした。

「そのころ、仕事の関係で月に2回は上京していたので、『いっそ東京に住んでみようかな』と思ったんです。じゃあどこに住もうか。あれこれ検索していたとき目に飛び込んできたのがADDressでした。

最初は驚きました、こんなサービスがあるのかと。いろいろな場所に住めるのも魅力だし、移動するなかで気にいった場所が見つかるかもしれない。あんまり希望とドンピシャだったので、1回落ち着こうと、ページを閉じました(笑)。何度も募集ページを読み直して、じっくり考え、ちょっと迷ったけど、やってみたいという思いが変わらなかったので、半年のプランで入会しました。とにかく環境をガラッと変えたくて。そのためには大きな変化が必要だろうと思ったのが動機でした」。

久米さんの専用ベッドがある千葉県の習志野邸。和室2、洋室4のほかに広々としたリビングやダイニングがあり、会員同士が集まってパーティーを開くことも可能。物件オーナーが集めたビンテージ家具を中心に、インテリアはシックにまとめられ、落ち着く

多拠点で暮らすということ。

初めて訪れる街から街へ 暮らす場所を移動する毎日

入会後、久米さんは東京・二子玉川の家に専用ベッドを持ちつつ、そこから全国の家へと移動する多拠点生活をスタートさせた。フリーランスのライターとして活動を始めたことからリモートで仕事ができる環境も整い、時間が許す限り家を巡り、いろいろな家に滞在し、地域との交流をするなど、充実した生活が始まった。

現在ADDressの物件数は全国に160軒以上あるが、久米さんが入会した2年前は20軒前後で、交通の便の良くない場所も多かった。駅から徒歩30分という物件もざらで、思わず「どうやって行くの?」と天を仰いだことも。

「普通の住宅街とか、すごい田舎とか、ADDressに入っていなかったら絶対に訪れなかっただろう場所ばかり。でも、わざわざ目指してそこに行くというのが、逆におもしろかったですね。〝暮らす場所を移動している〟という感覚になれるんです。そう、旅というよりも暮らしに行く、という感じ

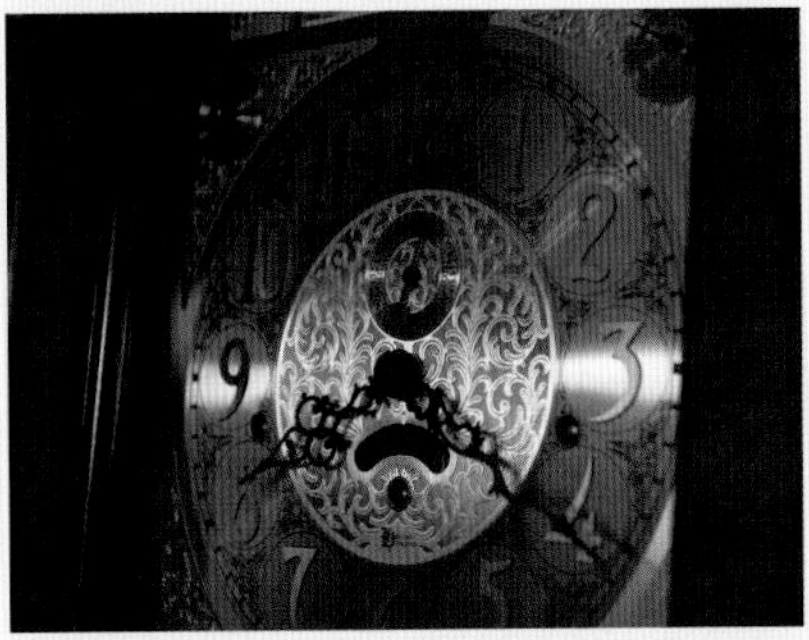

オーナーお気に入りの大きな古時計は習志野邸のシンボル。玄関に置かれている

本棚には家守や会員のお気に入りの本が並び、誰でも自由に読むことができる

宿泊する人の名前や予定はホワイトボードに書き込むので、全員の動きがチェックできる

です。だから私の場合、予約が取れれば、5〜7日はひとつの家に滞在するようにしています。家に着いたらまず近所を歩き、スーパー、銭湯、レストランなどを探します。ここで暮らす、という目線で歩くのが楽しいんです」。

確かに、観光地でもない普通の住宅街を訪れることは、知り合いや親戚でもいなければ、なかなかない。望めばそこに低額で住めるというのは、得難い体験となるのは間違いない。実際、ＡＤＤｒｅｓｓを使って訪れた街が気に入り、移住を決めた人もいるという。そう考えれば、地方移住を考えている人にとっても、ＡＤＤｒｅｓｓで短期間暮らすことは最初の一歩になり、便利なシステムといえそうだ。

細かいルールはなく 自由に暮らせる心地よさ

では、実際、多拠点での生活はどんなふうに送られるのだろう。

民家がベースの家の場合、屋内には個室やドミトリーのほか、キッチン、リビング、お風呂、トイレ、洗面所などのパブリックスペースがあり、誰がどんな順番で使うかは話し合い、譲り合って決める。食事は、基本は個人個人で摂るが、家守の計らいで、全員で料理をしたり、あるいは外に食べに行ったりすることもあるという。

「ルールはあまりないので、基本は個人の判断ですね。先日も、私がごはんを作っていたら、男性の会員さんがキッチンに来たので、「一緒に食べますか」って聞いたら「いいんですか?」と喜んでくれたので、彼の分も作ってあげました。そのお礼に旅行のお土産をくれたりして、そういうコミュニケーションも新鮮ですよね。本当に気楽に、その場のノリで決められます。冷蔵庫に自分が買ってきたものを入れるときは、名前を書きます。ときどき、間違って人の食料を食べてしまう人もいるので(笑)。自分のおすすめしたいボードゲームを持ってきて、みんなでやることも。テレビがない家がほとんどですが、ホームシアターを楽しむこともあります」。

ADDress最大の楽しみは 魅力的な人との出会い

空き家を利用するため、地域の活性化にもつながるＡＤＤｒｅｓｓという仕組み。ただ、単に移動して住むだけでは、そこまで魅力を感じることはなかったかも、と久米さんは言う。2年近くこの生活を続けられた理由のひとつには、各家の家守の存在が大きく、それぞれの生き方、仕事の仕方などを見聞きするにつけ、教えられることが多かったという。

「たとえば、千葉県の南房総邸にいる

多拠点で暮らすということ。

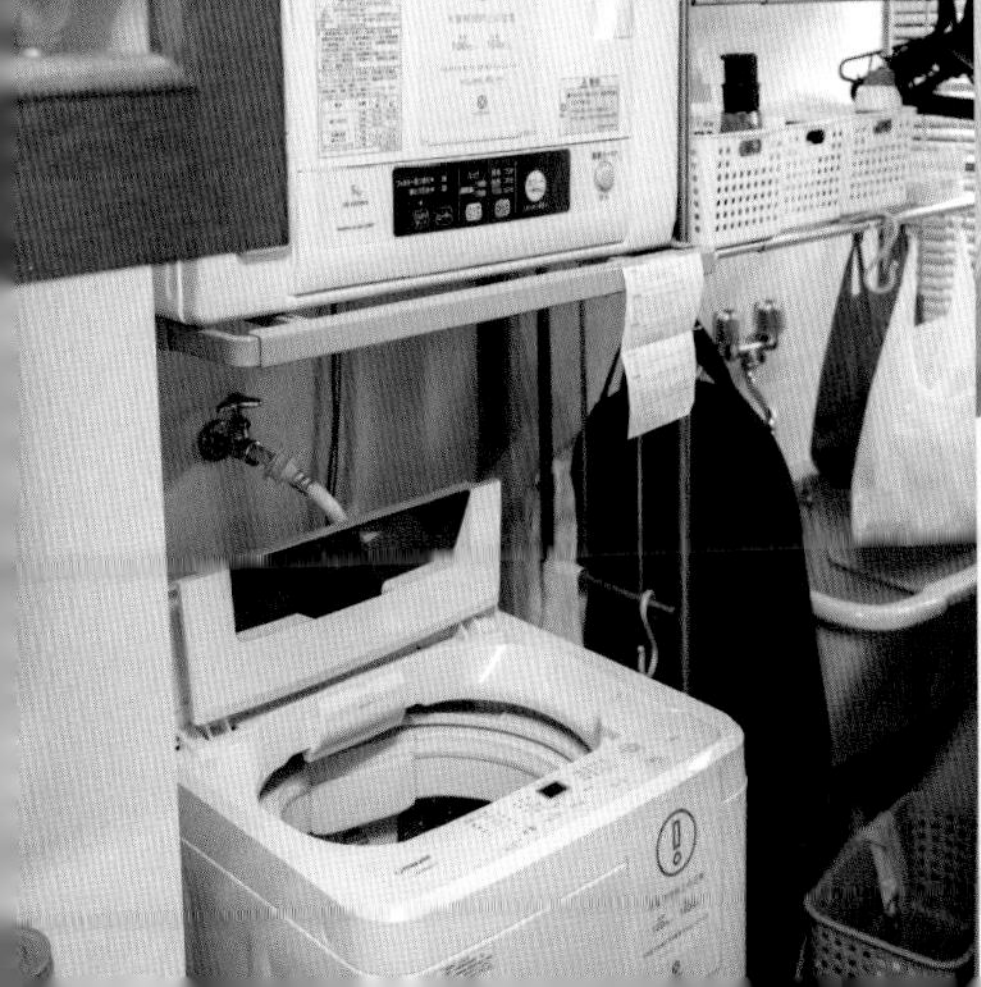

使い勝手のいいシステムキッチンがある習志野邸では、全員で料理を楽しむことも。冷蔵庫には基本的な調味料などは常備されている。個人で買ったり作ったりしたものには名前を書いておくのもルール。お風呂、洗濯機、乾燥機などは話し合って使う順番を決める

横山さんは、1937年生まれの最年長家守さんで、現役のカメラマンでもあります。クリスチャンなので深いお話が多くて、自分を見つめ直すきっかけを与えてくれました。横山さんは毎日、法華崎《ほっけざき》という海岸で夕陽の写真を撮っているので、一緒に行って陽が沈むところを眺めたりします。1〜2時間、空の色が刻々と変化する様子を、ただぼーっと眺めながら自分のことを考える。日常のなかで、そういう時間を持つことが、とても貴重に思えました」。

また、家守に限らず、ADDressでは多くの人が行き来しているため、老若男女、さまざまな人に会える。それも貴重な体験のひとつだ。

「ここでは、たまたま出会う人たちばかりなので、予定調和がなく、そのぶん新鮮で、おもしろいんです。利害関係もないし、相手の肩書も知らないから、お互いの人間性だけで触れ合えるので、とてもフラットな関係が築けます。たまたま今日、同じ家で出会った人同士、というシンプルな関係性。それがとても心地いいんです。そこから、ときには仕事につながることもあれば、趣味の世界を広げてもらえることもある。とてもいい場になっていると思います」。

もちろん、会員のなかには、こうした近しいコミュニケーションを取ることを望まない人もいるが、それはそれでOK。たとえばリモートワークのために使いたい人は、個室にこもって仕事をし、誰とも会話をしなくても、なんの差し障りもない。基本は長くて1〜2週間の滞在なので、個人の生活を崩さずに利用できるところが、定住するシェアハウスとの大きな違い。自由度が高いので、どんな人でも気軽に使うことができるのだ。

「ADDressでは思いがけない出会いがあり、気づきも多く、人生に迷っている人にもおすすめしたい」と語る久米さん

多拠点で暮らすということ。

移動ばかりで疲れたときは少し休むことも可能

ほぼ2年間、精力的にアドレスホッピングを続け、新しい場で見聞を広め、人と出会ってきた久米さんだが、常に動いている生活に少し疲れを感じ、休会した時期もあった。このときは千葉県の習志野邸という人気の家に専用ベッドを契約し、別途、借家探しもしたが、結局、完全に多拠点居住から離れるという選択にはいたらなかった。

「一度休会して習志野を拠点にしたら、だいぶ気持ちが落ち着いて、この生活に対する見方も変わりました。それまでは常に自分が訪ねていっていたのが、今度は受け入れる側になり、精神的にいいバランスになったようです。それでまた、変化を求める気持ちが募ってきて、新しいホッピングを始める気分にもなりました。やっぱり、おもしろいんですよね、ADDress生活。それを知っているぶん、まだどこかに定住しようという気持ちにもなれないので、もう少し、この生活を楽しむ予定です」。

スーツケース1つとリュック1つに荷物を詰め込み、多拠点生活を楽しむ久米さん。「食費と交通費が意外にかかるので、モノはあまり買わなくなりました」

ADDressの場合　#2

江島健太郎さん

人と話をしながら旅をすると癒しになる だからこの生活、やめられないんです

ADDress利用者のひとり、江島さんは、
東京に定住拠点を持ちつつ
パソコンとスマホと財布だけをバッグに詰め込み、
人との出会いを求め、ホッピングを楽しんでいる。

江《え》島《じま》健《けん》太《た》郎《ろう》さん

会社員。香川県生まれ。小学生時代よりパソコンゲームを開発。京都大学工学部卒業後、日本オラクル、インフォテリアを経てシリコンバレーへ渡米。現在はアメリカに本社を置く大手知識共有プラットフォーム「Quora（クオーラ）」社の日本第1号社員となり、エバンジェリストとして活動中。

多拠点で暮らすということ。

お遍路をしてわかった人と会話することの尊さ

月の半分を都内の家具付きアパートメントで過ごし、残りの半分をADDressで過ごすという江島健太郎さん。お話をうかがうためお邪魔したのは、漁師町の風情が残る逗子市小坪に佇む逗子A邸だ。

「実は僕もここに滞在するのは、今日が初めてなんです」と笑顔で出迎えてくれた江島さんは、実にフラットでフレンドリー。しかし、その横顔はといえば、世界最大級の知識共有プラットフォーム「Quora」社の日本第1号社員であり、そもそもは国内外でも知られたソフトウェアエンジニア。長年アメリカで働き、地位を築いてきた人だ。個人的な事情で数年前に帰国し、実家のある香川県で起業を模索していた矢先、Quora社から声がかかり上京。社員は1人だけで、仕事はどこにいてもできるため、ADDress生活を楽しむことを決意した。

とはいえ、こうした生活に昔からなじんでいたわけではなく、あるきっかけが江島さんを後押ししたという。

「実は数年前、身近な人の死に遭遇し、かなり落ち込んでいたとき、お寺の住職からお遍路に行くことを勧められたんです。香川県出身にもかかわらず、それまでお遍路など興味はなく、半信半疑で行ってみたんですが、不思議なもので、気がついたら一緒になった見ず知らずの人に、自分の身の上話をしていたんです。しかも話してみると、なんだか心が晴れやかになっていく。そのとき、〝ああ、人と話をしながら旅をすることって、こんなにも自分の癒しになるんだ〟と気づいたんです」。

その後、1年ほどニューヨークに戻ったときも、生まれて初めてルームシェアをして、違う価値観の人と暮らすことの新鮮さを肌で感じた江島さんは、帰国後、同じような体験を日本でもしたいと感じ、いきついたのがADDressのサービスだった、というわけだ。

荷物を捨ててみると生活はぐっとシンプルになる

江島さんは数年前、断捨離をして、自宅に置いてある持ち物も、今では段ボール2個とスーツケース1個にまで削減した。

「僕の場合、究極、パソコンとスマホと財布があれば、たいていのことは用が足りることがわかりました。だから移動のときのパッキングもあっという間です。洋服はファストファッションだけ。シンプルにしておけば、着替えも最小限で済みますからね」。

暮らしを小さくし、どこに行っても

最低限のものだけで暮らせることは、アドレスホッピングを楽しむひとつのテクニックであることは間違いない。

　また、各家に行く際、その日、誰が何人滞在するのかは、当日までわからないのだが、それもまた、一期一会の楽しさとなる。

「みんなが集まって、顔合わせをして、じゃあ何か食べに行こうか、とか、キッチンがあるから一緒に料理をしようか、など、その場で決まっていきますが、そのへんのことは、家守さんが仕切ってくれるので、特に不安はありません。ときに顔見知りがいることもあって、旧交を温めることもあります。まるで疑似家族のようで、居心地がいい。人間って、こうした関係性のなかで育っていくことが本来の姿なんじゃないかなって思うんです。ADDressではそれができる。会員にしろ、家守さんにしろ、こんな新しいサービスに飛びつく人だから、皆さんかなり個性的。話をするのが本当に楽しいし、刺激的です」。

　江島さんの場合、会員同士の横のつながりもできており、「あの家、良かったよ」と聞けば、そこが次の目的地になる。取材の日は1週間をかけて藤沢、逗子、南伊豆を順々に巡っていた途中。ひとつの家に2日ないし3日。どこを訪れても、観光はほとんどせず、次々に出会いを重ね、豊かなときを過ごしていた。

古民家ならではのトラブルも楽しんじゃえばいい

　ADDressの家はリノベーションされた古民家が多く、都会暮らしに慣れている人には、多少不自由さを感じることもあるが、そこもまた魅力になっている。

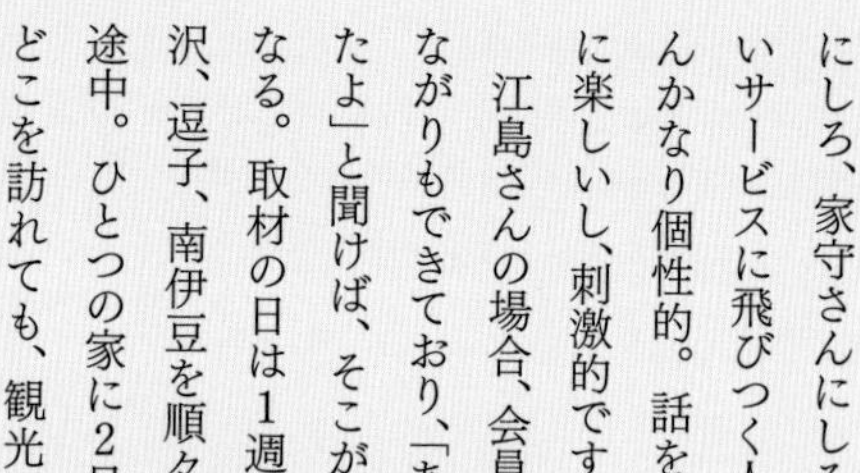

江島さんと、野外研修のファシリテーターの資格を持つ家守、廣川さんは、この日が初対面。まったく違う人生を歩んできた者同士ながら、話は尽きず、あっという間に意気投合した

多拠点で暮らすということ。

「確かに、窓が開けづらい、お湯が出ないなど、家によって多少のトラブルはあります。僕の場合、鍵が開かなくて家に入れなかったということも（笑）。でも、そういうことさえ楽しんじゃうんです。こういうトラブルをストレスに感じてしまう人には難しいかもしれないけど、変化を求めている人にとってはまたとない体験になると思いますよ。家はどんどん増えていますが、最初のころはエリアにばらつきがあってね。ずっと名古屋周辺に拠点がなくて、移動が長くなるので不便だなって思っていたんです。で、『中部エリアに家をつくってほしい』とリクエストを出していたら、本当につくってくれたんです。会員の声をきちんと聞いてくれる体制があるんだと実感できたのがうれしかったし、これからも安心して利用できるなと思いました」。

木のキッチンカウンターや梁の露出した天井など、随所にこだわりのあるキッチン。左手はローテーブルを置いたダイニング（逗子A邸）

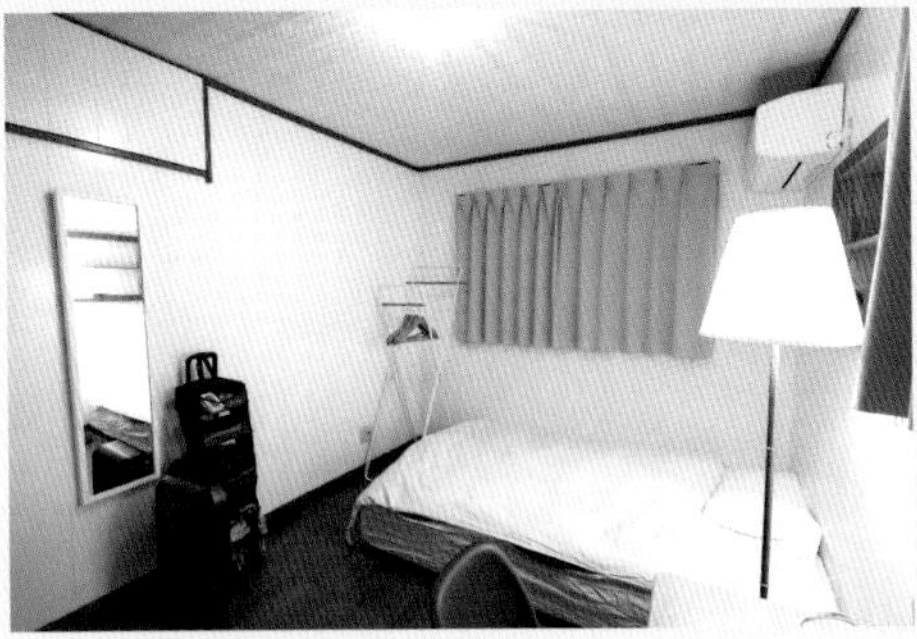

清潔感漂う2階の洋室はコンパクトにまとめられている。江島さんは本日ここ逗子A邸に滞在

漁師体験もできる逗子A邸にはキッチン道具もひと通りそろっており、魚をさばいたり料理をしたりと、楽しい時間を共有できる

多拠点生活を実現する

住まいのサブスクサービス

ADDressに代表される「定額住み放題サービス」はまだまだある。
それぞれシステムやサービス内容が異なるので、
しっかり理解したうえで自分に合うものを利用したい。

拠点は日本だけでなく世界に
HafH(ハフ)

https://hafh.com/

日本国内と世界36の国と地域に782拠点、約3000室を持つ。リゾートホテルや温泉宿、ビジネスホテルからゲストハウスまで、さまざまなタイプがあり、好みに合わせて選べるのが特徴だ。全室電源、Wi-Fi、ベッド付き。

毎月5泊までの利用で月額1万6000円の「ちょっとハフ」プランが人気。ほかにも多彩なプランが用意され、ニーズに応じて利用が可能。利用すると付与されるHafHコインで、部屋をグレードアップするサービスもある。

●料金プラン

プラン名	利用可能日数	月額利用料	こんな方におすすめ	付与される HafHコイン
いつもハフ	1か月	8万2000円	無拠点生活「アドレスホッパー」向けプラン。+100コインで利用で個室も選択可能になる。	500
ときどきハフ	10泊	3万2000円	月に10日の多拠点生活体験ができる。連続して使わなくてもOKで、就職活動などにも利用可。	200
ちょっとハフ	5泊	1万6000円	気が向いたときに、ちょっと「旅して仕事する」ができるプラン。旅行などにも利用できる。	100
おためしハフ	1泊	3000円	「旅しながら働く」を月に2日から体験できる。終了時期未定の期間限定プラン。	-

ホステルに泊まり放題

Hostel Life

https://hostellife.jp

「通勤圏を広げる多拠点生活」を掲げ、月額１万６５００円～の「ホステルパス」を購入することで、提携する全国のホステルやゲストハウスに宿泊できる。

利用できる施設は全国で39施設。１人でもカップルでも個室が利用できるプランもあり、部屋の清掃はスタッフが担当してくれるのも大きな利点。パブリックスペースであるラウンジで、ほかの宿泊ゲストとの交流も楽しめる。

自分らしく、もっと自由に

LivingAnywhere Commons

https://livinganywherecommons.com

好きな場所でやりたいことをしながら暮らす生き方＝ＬｉｖｉｎｇＡｎｙｗｈｅｒｅを実践することを目的としたコミュニティ。メンバーになると、日本各地にあるＬｉｖｉｎｇＡｎｙｗｈｅｒｅ Ｃｏｍｍｏｎｓの拠点の共有者となれる。拠点は、ワークスペースと長期スペースからなる複合施設で、現在は14拠点ながら、１００拠点を目指して拡大中。月額２万５０００円のプランのほかに、都度払い、回数券払いも可能。

ホテルのサブスクサービス

ホテルのサブスクサービスも話題に。２０２１年２月に発売された三井不動産ホテルマネジメントが提供する「ＨＯＴＥＬどこでもパス」は、全国に35ある「三井ガーデンホテル」と「ｓｅｑｕｅｎｃｅ」が、30泊15万円で利用できるというもので、限定１００名の募集に８倍もの応募があったという。

ほかにも、ｇｏｏｄｒｏｏｍ社の「ホテルパス」など、同様のサービスに要注目だ。

CHAPTER 3

Change the HATARAKIKATA

SOME STORIES
働き方を変える

新しいワークスタイル、Uターン、憧れの仕事、起業の夢を実現…。「移住」をステップに、納得できる働き方を探したい。

働き方を変える1

テレワークで実現した気持ちのいい暮らし

東京都↓
長野県富士見町

横田博之さんは、会社員の仕事をテレワークで続けながら移住。テレワーク移住の暮らしについて語ってもらった。

横《よこ》田《た》博之《ひろゆき》さん

会社員。勤務先のテレワーク導入をきっかけに、2021年にパートナーと移住。休日は趣味のアウトドア生活を楽しむ。

富士見 森のオフィス

長野県富士見町にあるコワーキングスペース・シェアオフィス。宿泊施設もある。移住者、移住希望者が集うコミュニティースペースになっている。
https://www.morino-office.com/

「富士見 森のオフィス」のコワーキングスペース。窓から南アルプスの山々が見える

移住者をつなげてくれる心強いコミュニティー

ノートパソコンから顔を上げると八ヶ岳が目に飛び込んでくる。横田さんは、テレワークをしながら毎日、この風景を楽しんでいる。パートナーと一緒に富士見町に移住してきたのは、２０２１年２月。

「移住した当初は、まだ車が納車されていなくて、食材を買いに行くのも往復30分以上かかったんですが、山がきれいなのが印象的でした。地元の人には当たり前の景色なんですけれど、歩くだけでも楽しかったです」。

横田さんは、移住をする前から富士見町にゆるやかなつながりを持っていた。長野県に住む友達に連れてきてもらったときは、「素敵な町だな」という印象を持った。「富士見 森のオフィス」を運営している津田賀央さんとも東京で会ったことがある。「富士見 森のオフィス」は、富士見町に移住した津田さんが２０１５年に立ち上げた施設で、コワーキングスペースやシェアオフィス、宿泊設備がある。ここは、移住者たちが情報交換したり、プロジェクトを立ち上げたりと、活発なコミュニケーションが生まれている場所だ。新しく移住してきた人は、「森のオフィス」のスタッフに気軽に相談できたり、先輩移住者を紹介してもらえたりと交流を持てる。

職場のテレワーク導入と行政の支援がきっかけに

東京都世田谷の貸家にパートナーと住んでいた横田さん。富士見町に移住を決めたのは、いくつかの出来事が重なったことがきっかけだ。まず、新型コロナウイルスの感染拡大を機に、都内の勤務先が２０２０年２月から完全テレワークになった。

「始めは様子を見てオフィスを再開しましょうということでしたが、結果的にずっとテレワークです。移住を考えたのは、コロナで会社に行けない状況が続いていたことと、２０２０年の年末にインターネットで富士見町役場が移住者へ家賃補助をしているという記事を見たこと。その移住支援に『森のオフィス』も提携していたんです。テレワーク中の自分の状況と、前から知っていた富士見町や『森のオフィス』、それと支援の情報がつながって、すぐ富士見町の家賃補助に申し込みました」。

富士見町の家賃補助の金額は月額

8万3000円で最長1年間。申し込み後、役場の担当者や津田さんによるZoom面談を経て、スムーズに補助が受けられることになり、横田さんは即、移住を決めた。会社の許可も得ることができた。

横田さんと同じようにキャンプやアウトドア好きのパートナーも移住に賛成。舞台女優をしながらほかの仕事も持っていたパートナーは、舞台の仕事を続けながらも横田さんから1か月遅れて富士見町に来てくれた。

チームワークで快適になるテレワークという働き方

テレワークは、小さい子どもがいるスタッフや、家で仕事をすること自体にストレスを感じるスタッフがいたり、マネージャーから見た部下の管理など、いろいろな不安を抱えるなかでのスタートだった。

「幸いチームで働いていたので、特に最初の3か月は、オンラインのミーティングでノウハウや工夫を情報交換したり、ときには愚痴を言ったり、働き方のケアをメンバー同士でやっていました。みんなと直接会えなくて寂しさはありましたが、会社に行かずに仕事ができるのは、メリットのほうが多かったです」。

テレワークで仕事を進めるうえで横田さんが大切にしているのは、優先順位とタイムマネジメントだ。毎日のタスクに優先順位をつけ、タイマーを使って45分間集中して仕事に取り組んだあと、10〜15分の休憩をすることを繰り返す。これは上司が教えてくれた方法で、疲れをためることなく集中力が続くという。時間を区切って仕事をすることで達成感もあり、テレワークに慣れた今、気持ちのいい働き方ができていると話してくれた。

平日は自然のなかでテレワーク、週末はキャンプなどでアウトドアを気軽に楽しむ日々

仕事以外の活動範囲が格段に広がった

富士見町に住むようになってから、自然が近くなったことを実感している。横田さんは、東京にいるときから

パートナーや友達と、長野や群馬、山梨にキャンプに出かけていたが、長時間の移動や渋滞にストレスを感じていた。しかし、ここに来てからは車で20分も走ればキャンプができる。移住してから知り合った人たちも、自然のなかで遊ぶことが好きな人が多い。山登りやクライミングが趣味の人、キャンプのときにテントでサウナをするテントサウナをライフワークにする人など、新しいアウトドア経験を教えてくれる仲間が身近に増え、これから一緒に活動するのを楽しみにしている。

　以前から興味のあった畑仕事や田植えにもチャレンジを始めた。

「『せっかくここに来ているんだから畑をやりたい』と『森のオフィス』に来ている人に言ったら、畑をやっている人を紹介してくださって。畑仕事はルバーブの苗を植え込むところから教えていただいて、5月からは田植えを教えてもらいます。やりたいことがこんなにすぐ実現するのは、この町のおかげです」。

　もうひとつ、横田さんが感じているのが町の人たちとの距離の近さだ。小さな町ならではのコミュニケーションが助けになっている。

「先輩移住者の人から、『周りの人たちに自分からいろいろ聞くと親身になってくれるから、積極的に話しかけたほうがいいよ』と教えてもらっていた通りでした。隣に住んでいる地元の方にご挨拶に行ったら、30分くらい立ち話になったり、ジョギングをしていると知らない人から気軽に声をかけられたり。役場の人に相談に行くとすぐに携帯番号を教えてくれてびっくりしました」。

　近年、移住者が増えている富士見町では、地元の人も「また来たんだね」とオープンに迎えてくれる。近くの商店街にも、移住者が開業したコーヒー豆の焙煎の店や、品ぞろえにこだわりのある本屋など、面白い店が少しずつ増えてきているそうだ。

パリッと晴れた日、澄んだ空気のなかでルバーブの苗を植え込む。収穫を楽しみに大切に育てている

町民としてこの町に貢献できることをやっていきたい

　これから横田さんが実現したいことが、古民家に住むこと。地元の人たちの知恵を借りて探したいという希望があり、インターネットや不動産屋ではなく、実際に町のあちこちを見に

行って、気になる家があったらGoogleマップ上にピンをつけて、役場の人に持ち主を教えてもらいに行っている。

「古民家が見つかったら、なるべく昔からの資材を使って環境に負荷をかけずに住まいを作りたい。自分たちの住むスペース以外にも、ホームシェアとか民泊のスペースを作って、海外からも来てもらいたい。町民としては、富士見のいいところを自慢したいなと思っています」。

町に対して自分の貢献できることが、東京にいたころよりも大きいと感じているという。

「仕事でも、やらされている仕事よりも自分が立候補したプロジェクトのほうが面白い。そういう経験をすると、町のことも自分ごととして関わらせてもらったほうが、自分にとっても豊かな経験になると信じているんです。世田谷にいたころは、約90万人の区民のうちの一人でしたけれど、ここは約1万4000人くらいです。この町に来て、周りの人との距離もすごく近くなった。転入届を出すにしても、家を探すにしても、役場や町会でお世話になる方の顔が見える。そういう関係になるとますます、自分が町に対してどんなことができるかを積極的に探すようになりました」。

横田さんは今まで、ニューヨークにも4年ほど住んだことがある経歴の持ち主。レストランで飲食に携わる仕事もしていた。自分の経験を活かして町に貢献できることをしていきたいと意欲的だ。

移住者への支援制度が実現の後押しになる

自分の経験から、自治体の家賃補助は移住の後押しになったと横田さんは語る。

「今、世の中はリモートワークとか移住支援の流れになってきていると思うので、気になるエリアがあれば自治体の支援を調べるのもいいと思います。それから、身軽に動けるなら現地に行ってみていろいろな人と会ったり、イベントを手伝わせてもらったり、地域に入ることで手に入れられる情報がすごくあると思います」。

冬に移住してきた横田さんたちは、これからこの町で迎える季節を楽しみにしている。

長野県に住む友人たちとディナー。新鮮な野菜や卵、地酒やワインを味わいながら話も弾む

横田さんの移住 DATABASE

Before After

	移住前		移住後
居住地	東京都世田谷区	→	長野県富士見町
家族構成	パートナーと2人暮らし	→	パートナーと2人暮らし
住まい	賃貸一戸建て	→	賃貸アパート
仕事	会社員(オフィス勤務)	→	会社員(テレワーク)
趣味	アウトドア、キャンプ	→	アウトドア、キャンプ、自炊

外に飲みに行くのが好きだったが、
お店はコロナに関係なく21時には閉まってしまう。
新鮮な食材が手に入ることもあり、自炊をすることが増えた

Question

移住のきっかけ	会社が完全テレワークになったこと。 以前から富士見町を知っていたこと。 富士見町役場の家賃補助制度を知ったこと
移住先を決めたポイント	以前から富士見町や、富士見町にある移住者のコミュニティーともつながりがあった
交通事情	電車は1時間に1本くらいなので、移動は基本的に車
公共サービスの充実度	不便は感じない
収入や支出の変化	1年間は家賃補助が受けられるので生活コストは下がった
支援制度の利用	町の家賃補助制度
ご近所付き合い	自分から地元の方たちに積極的に質問をするのがポイント。周りの方たちからいろいろなことを親切に教えてもらっている
移住してよかったこと	仕事と休日のメリハリがついて楽しくなった。 休みの日は自分が好きなキャンプなどが気軽にできる。 自然が身近で、アウトドアなど共通の趣味を持つ人が多い

東京都→
神奈川県小田原市

働き方を変える 2

アクセス抜群の都心近郊で自然豊かな暮らし

都心の郊外に住まいを移す「100キロ圏内移住」がコロナ禍で注目を集めている。
便利さと自然に囲まれた環境への移住を実現した望月さん一家のストーリー。

望月《もちづき》幸美《さちみ》さん

会社員。コロナで在宅ワークになったことと、自然のなかで子育てしたいという思いから、2020年に一家で移住。

キッチンに立ちながらリビングの窓越しに山と海の景色が見える

すぐに買うことを決めた海も山も見える一戸建て

窓から海も山も一望できる家に暮らす望月さん一家。望月さん、夫のレムコ・アバーソンさん、そしてお嬢さんのヤンネ結ちゃんの三人で都内から小田原市に移住してきたのは2020年10月のことだ。

移住を考え始めたきっかけは、新型コロナウイルス感染症の拡大で、望月さんの自宅勤務が続くようになったこと。文京区の2LDKの賃貸マンションに住んでいて、都内のなかでは静かでいい場所だと気に入っていたが、自宅にいる時間が長くなるにつれ、手狭に感じるようになっていた。1歳をすぎたヤンネ結ちゃんも活発に動き回るようになり始めていた。だが、子どもを連れて遊びに行くにも、公園まで歩いて30分かかったり、アウトドアを楽しもうと思っても郊外まで行くのに電車で2時間かかる環境だった。

「子どもが外でたくさん遊べる場所があるといいなというのも移住を決めたもうひとつの理由です」。

アバーソンさんはもともと自宅で仕事をしているが、望月さんは都内の会社に勤務している。コロナでリモートワークが導入されて毎日通勤する必要がなくなったとはいえ、都内へのアクセスの良さも、移住先を決めるうえで大切な条件だった。

「始めは東京都と埼玉県の間あたりにしようかとも思ったんですけれど、それだとかえって、満員電車で通勤になってしまう。1時間とか30分とか、在来線で満員電車に乗るくらいなら、新幹線通勤のほうがいいんじゃないかなと思いました。座れるなら通勤時間も仕事に使えます」。

新幹線で通勤できる候補地として考えたのは、神奈川県小田原市、静岡県三島市、長野県佐久市。手始めに小田原市に相談したところ、お試し移住体験を紹介された。

「小田原市に申し込んだお試し移住体験は、金土日の週末のプランで、普通の宿泊よりは安く宿に泊まれて、希望すると町を案内してくれたり、質問にも親切に答えてくれるという気軽なプランでした。行く前までは小田原って、なんとなくひなびているのかな?というイメージがあったんですけれど、行ってみたらいいほうに違っていて、『ここなら住めそう』と感じました。レストランもいっぱいあるし、ふだん東京で行っていたようなショッピングセンターとか買い物できるところもあって。駅の隣に商業施設や文化施設も作られていて、町の活性化に市が力を入れている感じもいいなと思いました」。

２泊３日のお試し移住の最終日に家を見に行った。毎月払っているマンションの家賃を「けっこうな金額の割に意味のない出費」と感じていた望月さんたちは、もし移住するなら、それを機に一軒家を買おうと考えていた。もともとはリノベーション済みの中古の一軒家の購入を予定していたが、ある新築の家に入った瞬間に「ここに決まり」と感じたという。

「そもそも新築で予算外の家だったから、せっかく来たのだから見てみようかという感じで、冷やかし半分で入ったんですけれど、即決でした。２階建ての４ＬＤＫの家なんですけれど、２階にリビングがあって、天井が高くて梁が全部見えるデザインなんですね。そのオープン感と、窓を開けたときに山と海がきれいに見えた、その景色が決め手ですね」。

立地もよく、小田原駅から歩いて20分ほど。小田原の町も住まいも気に入った望月さんたちは、ほかの候補地を見に行くことはせず、約２か月後にはスピーディーに移住が実現した。

都内へのアクセス抜群 通勤も快適な小田原暮らし

望月さんは、小田原ならではのアクセスの良さにメリットを感じている。

山々が一望できる知り合いの畑で農作業を一家で楽しむ

実は、望月さんは移住後に転職。コロナの影響もあり、面接はほぼＺｏｏｍミーティングなどのオンラインだったので、小田原に住んでいることの不便さは感じなかった。新しい職場も都内だが、小田原から東京駅までは新幹線で片道約30分と快適だ。

「今はコロナで週１~３日くらいの出勤ですが、新幹線で座れて１本だから

ヤンネ結ちゃんも収穫のお手伝い。移住してから気軽に畑仕事を体験できるようになった

楽ですね。やっぱり週に1度は職場に顔を出して、お互いにコミュニケーションを取ったほうがいいなと思うので、通勤が楽なのは助かります」。

通勤に便利なだけでなく、在宅で仕事をしているときは、ちょっとした時間に箱根や湯河原、二宮などに足を延ばすことができる。

「朝、子どもを保育園に預けて働いていますが、預けた帰りにちょっと海岸を歩いてリフレッシュできたり、家で仕事をしているときは、ランチ休憩の1時間に夫とバイクで箱根まで往復したり。こういうことができるのはメリットだなと思います」。

休みの日は、一家そろって1日中外で遊ぶ時間がたっぷりとれるようになったのも大きな変化だ。車で10分の大きな公園や、小田原城近くの広場、それに近くの海岸に遊びに行ける。畑を持っている知り合いのところで農作業をしたりと都内ではなかなかできなかった体験を満喫。地域の人たちとの日常的な関わりも、都内に住んでいたころよりも深くなったと感じている。

「周りの人たちが人なつこい印象があります。東京だと隣に誰が住んでいるかも知らないままでしたけれど、こちらでは道端で会った人と『こんにちは』とか、レストランとか飲み屋さんに行っても、お店の人やお客さんたちと話す機会が多くて、東京と比べると人間らしいというか、コミュニケーションが広がった感じがします。お店もスペースが広いせいか、子どもに優しいところが多くて、子連れがだめなお店は少ないですね」。

東京の人混みを忘れてしまう 海も山も川もある町

生活コストの面では都内とあまり変わらないが、満足度がアップしていることを実感していると望月さんは話す。

「このあたりはどの家も2台は車があるくらい、車は必須です。都内と違って基本タクシーは、呼ばなくては来ませんし。引っ越し前に車は買いましたし、新幹線の交通費もかかります。マンションから一軒家になったので、光熱費も以前より増えていると思います。でも、全体として生活するうえで、費用以上に良さを感じることが多いです」。

例えば、新鮮で豊かな食材を当たり前のように毎日の生活で楽しめるようになった。町にはたくさんの魚屋があり、スーパーでも魚が丸ごと並んでいて、そのおいしさに望月さんはびっくりしたという。小田原で作られた柑橘類や野菜も近くの八百屋や無人の販売所で気軽に買うことができる。パンをよく買う望月さん一家にとっては、市内にいろいろなパン屋があることもうれしい。

移住してきた人たちも身近に多いという。

「東日本大震災をきっかけに移住したという人もいるし、5〜6年前から住んでいる人や、たまたま同じ時期に同じ不動産屋さんを通して家を買った人を紹介してもらったり、けっこう周りに移住者の人たちがいて交流しています。やっぱり住みやすいから人が集まるんでしょうね」。

こうした小田原暮らしの良さを、望月さんは「都会と田舎のハイブリッド」と表現する。

「ここに住んでいるうちに東京の人混みを完全に忘れてしまいました。普段の暮らしやリモートプラス通勤で考えると、小田原みたいに山も海も川も全部があるところはなかなかないと思うんですね。景色がよくて咲く花もすごくきれいで。移住を考えているならおすすめです。東京でいつも新しいものにふれていたいとか、おしゃれな最新のカフェに行きたいとか、最先端の洋服を買いたいとか、そういう体験はできないですけれど、それは都内に行ったときにできますし」。

小田原の夏を初体験できる今年、望月さんたちは海でスタンドアップパドルボード（SUP）をしてみようと楽しみにしている。

自宅からすぐ近くの海に遊びに（右）。天井の高いリビングで在宅ワークも快適（左）

望月さんの移住 DATABASE

Before After

	移住前		移住後
居住地	東京都文京区	→	神奈川県小田原市
家族構成	家族3人	→	家族3人
住まい	賃貸マンション	→	一戸建て(持ち家)
仕事	会社員 (オフィス勤務)	→	会社員 (オフィス勤務+テレワーク)
趣味	もともと自然が好きで移住したこともあるので、変わらず		

Question

移住のきっかけ	会社がテレワークになり、ずっと家で仕事をしていて 住まいが手狭に感じるようになったこと。 外で遊べる環境で子どもを育てたかったこと
移住先を決めたポイント	新幹線で1本、30分で都内に通える。 買い物などの生活環境が暮らしやすそうだった
交通事情	都内への通勤以外は基本的に車
公共サービスの充実度	不便は感じない
支援制度の利用	お試し移住体験
ご近所付き合い	東京に比べて、周りの人たちとのコミュニケーション が身近に感じる。 移住者も増えていて交流が広がっている
移住してよかったこと	都内への通勤が楽なこと。 山や海があり、日常生活のなかでリフレッシュできる。 平日でもランチ休憩に箱根や湯河原まで1時間で 往復できる。 休日は1日外で子どもと一緒に遊べる

テレワークで東京脱出?

100㎞圏内移住が増加中

コロナ禍で、テレワークが一般化した今、
毎日都心のオフィスに出勤する必要性がなくなり、
東京から東京近郊に移住する人が増えているという。
人気は東京から100㎞圏内の地方都市だ。

コロナ禍によりテレワークが浸透し、毎日都心へ出勤する必要性がなくなったことから、「東京脱出」の動きが高まっている。

総務省が発表した「住民基本台帳人口移動報告」によると、新型コロナの感染拡大により緊急事態宣言が出された2020年4月以降、東京都への転入者が大きく減少、さらに7月以降は転出者が増加している。また、同年に23区から転出した人は36万5507人で、前年より2万1088人も増えている。

東京都からの転出先は、埼玉や千葉、神奈川などの近隣県が中心。たとえば、神奈川県なら藤沢市、千葉県なら船橋市など、都心から100km圏内の地方都市が人気を集めているという。

メリットは、東京都心へのアクセスがよいこと、商業施設が充実していること、自然環境に恵まれていること、家賃も都内と比較すれば安いことなど数えきれない。また、移住の最大のハードルは「仕事と収入をどうするか」。だとすると、「仕事と収入」をそのままに移住が実現できることこそが、最大のメリットといえるだろう。「100km圏内移住」は、新しい移住のカタチとして定着していきそうだ。

郵便はがき

おそれいりますが切手をお貼り下さい

104-8011

東京都中央区築地5―3―2

株式会社
朝日新聞出版
生活・文化編集部 行

ご住所 〒 電話 ( )		
ふりがな お名前		
Eメールアドレス		
ご職業	年齢 歳	性別 男・女

このたびは本書をご購読いただきありがとうございます。
今後の企画の参考にさせていただきますので、ご記入のうえ、ご返送下さい。
お送りいただいた方の中から抽選で毎月10名様に図書カードを差し上げます。
当選の発表は、発送をもってかえさせていただきます。

愛読者カード

お買い求めの本の書名

お買い求めになった動機は何ですか？（複数回答可）

1. タイトルにひかれて　　2. デザインが気に入ったから
3. 内容が良さそうだから　　4. 人にすすめられて
5. 新聞・雑誌の広告で（掲載紙誌名　　　　　　　）
6. その他（　　　　　　　）

表紙　1. 良い　2. ふつう　3. 良くない
定価　1. 安い　2. ふつう　3. 高い

最近関心を持っていること、お読みになりたい本は？

本書に対するご意見・ご感想をお聞かせください

ご感想を広告等、書籍のPRに使わせていただいてもよろしいですか？

1. 実名で可　2. 匿名で可　3. 不可

ご協力ありがとうございました。
尚、ご提供いただきました情報は、個人情報を含まない統計的な資料の作成等に使用します。その他の利用について詳しくは、当社ホームページ https://publications.asahi.com/company/privacy/ をご覧下さい。

2020年 東京23区からの
転出者が増えた市町村
(総務省 人口移動報告(外国人含む))

1	**神奈川県藤沢市**	**713人**
2	**東京都三鷹市**	**667人**
3	**神奈川県横浜市中区**	**630人**
4	東京都小金井市	555人
5	神奈川県川崎市宮前区	554人
6	神奈川県川崎市高津区	430人
7	千葉県船橋市	419人
8	神奈川県鎌倉市	417人
9	茨城県つくば市	409人
10	神奈川県横浜市港北区	399人
11	東京都府中市	385人
12	東京都立川市	383人
13	東京都町田市	346人
14	千葉県八千代市	318人
15	神奈川県茅ケ崎市	308人
16	東京都武蔵野市	300人
17	埼玉県川口市	263人
18	神奈川県横浜市神奈川区	262人
19	千葉県柏市	261人
20	東京都清瀬市	242人

NEWS

「テレワーク地方移住」に 100万円の補助

「地方創生」を掲げる政府は、これまでも東京から地方に移住し、就業や起業をする人に「地方創生推進交付金」を支給してきたが、2021年4月よりその要件が拡充され、就業・起業だけではなく、テレワークも対象となった。つまり「東京の企業に勤務する人が、地方に住居を移してテレワークで仕事を継続する場合、最大で100万円を支給」。ただし、詳細は各自治体によって異なるのでHP等でチェックが必要だ。

働き方を変える3

湖畔のキャンプ場を舞台に
地域と都会の橋渡しを

東京都→三重県→
長野県茅野市

自分が本当にやりたいことに近づくために、
幾度かの転身と、二度の移住を経験。
すべてがリンクするように適所を得たこの地で、
豊かな時間を提供し、地域の魅力を発信する。

粟野《あわの》龍亮《りょうすけ》さん

1988年生まれ。東京都大田区出身。茅野市へは2017年に地域おこし協力隊員として移住。2019年より株式会社アーバンリサーチ「TINY GARDEN 蓼科」の運営に参画。

大自然に囲まれたTINY GARDEN 蓼科。ロッジは温泉旅館をリノベートしたもの。ここでワーケーションしながら移住を検討する人も多い

アパレル業界で働くなかで見つけた夢と移住願望

八ヶ岳の麓、標高1250mの高原に、山々の深い緑を映して静かに広がる蓼科湖。そのほとりに、アパレル企業のアーバンリサーチが立ち上げた宿泊施設「TINY GARDEN 蓼科」がある。〝小さな庭〟と呼ぶには広大な、白樺の木々に囲まれた4800坪のフィールド。カフェ・レストランや温泉などを併設するロッジをメインに、24棟のキャビンやキャンプサイトが、ゆったりと整備されている。

準備段階からこの施設に関わり、現在は店長として企画運営を任されているのが粟野龍亮さん。実はアーバンリサーチは、粟野さんがかつてコンセプトに共鳴して転職し、その後のキャリア変遷の起点となったエシカルファッションのセレクトブランドを展開する親会社。つまり古巣。自分自身の心が求める生き方を追いかけて、ステージを替えつつ歩んできた道が、ここでひとつにつながった。

「持続可能で地に足のついた衣・食・住ということをずっと考えてきました。地方が持つ真の豊かさのなかに身を置いて、モノよりも時間や体験を提供するような仕事がしたかったんです」。

キャンプサイトを囲むようにキャビンが並ぶ。思い思いのスタイルで、ゆっくり滞在できる空間

最初のきっかけは上智大学外国語

学部時代のフィールドワーク。タイ奥地のカレン族のコミュニティで過ごした日々だ。

「水は汲みに行かないとない、電気もわずかな自家発電のみ。そんな生活なのに、みんなすごく楽しそうなんですよ。子どもたちも本当にいい笑顔で。最終日には飼っていた豚をさばいて僕たちにふるまってくれた。不便だけど、そんなの問題にならないくらい豊かで、こういう暮らしもあるのかと衝撃を受けました」。

所属していたインカレの服飾系サークルでも、興味はおしゃれには向かわず、ファッションやデザインを介してモノづくりの背景や環境を考えるような活動に没頭。卒業後に就職したのは、日本国内での生産と技術継承へのこだわりに魅力を感じた商社系アパレルメーカーだった。

ところが入社のタイミングで東日本大震災が発生。被災地でボランティアに参加したりするなかで「もっと社会の課題と直に関わりたい」と思うようになる。そんなとき出合ったのが〝自然と調和した心地よい暮らし〟をコンセプトに展開していた前述のセレクトブランド「かぐれ」だ。

「展示会など、全国のつくり手さんとの交流の機会がたくさんあって。個人的にも時間を見つけては、彼らのもとを訪ねました。そのうちに、ただモノを預かって売るだけでは足りないのではないかと思うようになった。つくり手の思いやこだわり、モノが生まれる背景ごと、お客さんに伝える術はないものかと」。

「モノへの眼差しを開くきっかけになるような」ワークショップを企画し、好評を得るなかで、粟野さんは「自分はモノを売るというより、時間を共有したいんだ」と気づく。そして「地方で暮らすほうが、自分にはしっくりくるな」とも。かぐれの店舗で同僚として出会った、価値観を同じくする妻の紘子さんとの間に第一子を授かったことが、地方への移住の決め手になった。「子育てするなら東京じゃないなと思ったんです」。

初めての移住先、伊勢で。地方で暮らすという選択に、夫婦で確信を深めたころ

名産品の棒寒天に注目した協力隊時代。生産者とともに、ツアー企画や東京のレストランでのPRも。協業で絵本も出版

キャリア変遷の先にあった偶然にして必然の出合い

最初の移住先に選んだのは、紘子さんの実家があり、豊かな自然にも恵まれた三重県の伊勢。「人に何かを伝えていくには、まずは修行が必要だと思って」大手宿泊予約サイトの法人営業の職に就く。県内くまなく、200軒近いホテルや旅館を回り、集客サポートなどに奔走した2年半。旅行業界で多くのことを学んだが、もとよりここがゴールのつもりはなかった。

そろそろ次のステージへと考え始めたタイミングで見つけた「茅野版DMO（一般社団法人ちの観光まちづくり推進機構）」のメンバー募集告知。地域に昔からあるものの魅力に着目し、磨き上げ、それをコンテンツにした観光の形を模索するという趣旨に惹かれて応募し、地域おこし協力隊の一員として採用される。かつて山小屋で働いていたこともある紘子さんと、いずれは山の近くに住みたいと話していたこともあり、伊勢を離れることに躊躇はなかったという。

地域おこし協力隊員時代には、諏訪地方の潜在的な観光資源として、日本一の生産量を誇る棒寒天づくりなどにスポットを当てた。生産者との関係を築き、製造現場を見て・知って・味わってという体感型ツアーを生産者とともに企画して販売。手ごたえを得る。

そんななかで舞い込んできたのが、偶然にもここ茅野に土地を買い、キャンプ場を立ち上げようとしていた古巣からの誘いだった。

八ヶ岳全山登頂など、山の近くでの暮らしも満喫

「引き受ける前に、会社とはかなり話し合いました。都会の企業が地方でただキャンプ場をやるだけだったら、自分が関わる意味はない。地域との橋渡し的な役割を担いながら、ここでしかできない時間の過ごし方を考えて提供していけるなら、それはぜひやってみたいというふうに」。

当初は企画・地域コーディネーターという形で入ったはずが「気づいたら『全部やってよ』みたいな感じになってました（笑）」。

「宿泊者を受け入れるのはもちろんですけど、その人たちと、地域の魅力あるプレイヤーや産物をつなぐためのハブにもなる場所だと感じています。地域おこし協力隊をきっかけにいろんな人に会えて、近しい感覚の人たちとつながり、ぐるりと回って、以前勤めた会社からこういう仕事を任されて……。思えば不思議ですよね」。

都会から来る人も地域も双方をハッピーに

「自然豊かできれいな場所だったな」だけでは終わらないものを、いかに宿泊客の心に残せるか。

「たとえば滞在期間を3泊4日として〝こういうコースでこういう人に会ってほしい〟みたいなプランをつくって発信したり。1泊2日ではもったい

「蓼科で、キャンプ場で飲みたい最初の一杯」を求めて、地元ブルワリーと地元のビール愛好家たちとともにクラフトビールを開発

地域に向けても開かれたスペース

ないと思ってもらえる仕掛けを考えたい」。

　さらに、この場所を地元に向けて開いていこうという思いも強い。そのために、観光地としてはニーズの少ない冬も、カフェ・レストランやショップは休まず営業。

「地元の人たちに、ちょっと都会を感じに来てもらう。逆に都会から来る人には、隣で方言が聴こえるくらいのローカルな雰囲気を味わってほしい。お互いにとっての日常と非日常がゆるゆると行き交うみたいな。そういう場所にしていきたいんです」。

衣・食・住に絡むワークショップなど多彩なコンテンツを提供

　施設の中だけでなく、もう少し俯瞰で見て、地元の子どもたちに向けて何ができるかということも、仲間とよく話している。

　まずはTINY GARDEN 蓼科を拠点に。仲間と協力し合ってさまざまな事例をつくり、経験を重ね、「みんながハッピーになれるように」ゆくゆくはその活動を、もっと地域に広げていくつもりだ。

家族で暮らす家を購入 改修工事も地元の仲間と

　同じ方向を目指す仲間たちと手を取り合い、この場所で、もっとやりたいことがある。ひとつところに長くとどまるつもりはなかったが、今は「極力、定住しようかな」という考えに。職場から車で20分ほどの隣町に、ついに自宅も購入した。1年半ほどかけて探したという物件は、築40年ほどの中古別荘だ。

家族で山登りやピクニックが楽しめる環境。もちろん子どもたちも自然が大好き

「別荘地のほうが、空間が広々としていて風通しもいい。ほどよい自然との距離感に惹かれたのと、子どもの通学バスが近くから出ているということも、購入を決めるポイントになりました」。

冬に住むことを想定していないこの地方の別荘建築ゆえ、絶対に必要なのは断熱リノベーション。取材時はその真っ最中だった。

「G2クラスという国内最高基準の断熱仕様を目指していて。引っ越す前に終わらせたいんだけど、間に合うかどうかっていう感じですね。家についても、できるだけつくり手が見える形で進めたかったので、設計もそうだし大工さんとかも地元でできた仲間にお願いして、自分も一緒に手を動かしてやっています」。

登山やトレイルランなどプライベートでの趣味は、今はしばし封印し「休日はひたすら、家づくりか、二人の子どもの子育てか」。そして、暖かな家が完成して新しい生活が始まるころ、粟野さんの家族は5人に増える。

購入した中古別荘を、仲間とともにリノベーション

粟野さんの移住 DATABASE

Before After

	移住前		移住①後		移住②後
居住地	東京都	→	三重県伊勢市	→	長野県原村（職場は茅野市）
家族構成	2人（自分、妻）	→	3人（自分、妻、子ども1人）	→	もうすぐ5人（自分、妻、子ども3人）
住まい	賃貸マンション1LDK・8万円／月	→	賃貸マンション3DK・6万円／月	→	市営住宅3DK（協力隊時代は家賃補助で0円）土地・物件購入1000万円、リノベーション費用約1600万円）
仕事	アパレル営業	→	旅行営業	→	地域おこし協力隊→キャンプ場運営
趣味	旅	→	畑を借りて野菜づくり	→	登山、トレイルラン

Question

移住のきっかけ	茅野市の観光まちづくり構想に共感
移住先を決めたポイント	八ヶ岳の麓という自然環境に惹かれたから
交通事情	原村は通学バスが運行
公共サービスの充実度	子どもの医療費助成が充実（茅野市は中3まで1医療機関につき自己負担月額500円が上限、原村は高校生まで無料）
収入や支出の変化	地域おこし協力隊時代は収入は減るも家賃無料。野菜をもらうことも多く、生活水準は変わらなかった
支援制度の利用	なし（地域おこし協力隊制度を利用）
ご近所付き合い	市営住宅は出入りも多く、付き合いは薄い
移住してよかったこと	同じような価値観を持つ人と自然につながれた

Work×Vacation

「ワーケーション」という働き方

ワーケーションとは、旅をしながら、遊びながら、
リフレッシュ、リラックスしながら仕事をする、というまったく新しい働き方。
コロナ禍でテレワークが一般化し、出社しなくても
仕事ができるようになった今、大きな話題を呼んでいる。

「テレワーク」「リモートワーク」は、情報通信技術を活用して、オフィスから離れて仕事をすることで、主に「在宅勤務」を意味するが、「ワーケーション」とは、「休暇」と「仕事」を両立させ、リゾート地や温泉地などで休暇を満喫しながら、仕事もする、という働き方のこと。

日常から離れて、リゾートや温泉、山や海などに滞在でき、さまざまなレジャーや観光が楽しめることが最大のメリットだ。とはいえ、充実したネット環境は必須条件。また、遊びと仕事の切り替えが難しいのでは、と感じる人が多いようだが、意外にもストレスが軽減され、生産性が上がるという調査結果もあるという。

最近では、多くの宿泊施設がワーケーションプランを提供しているほか、地方自治体もさまざまな支援を打ち出している。

NEWS

東海道新幹線乗り放題のワーケーションプラン登場

JR東海では、2021年5月から、東海道新幹線のグリーン車または普通車指定席が乗り放題で、テレワークができるホテルを自由に選べるプランを発売。利用できるホテルはJR東海ホテルズ、東急ホテルズ、プリンスホテルズ&リゾーツ、都ホテルズ&リゾーツの35施設。料金は6泊7日プランで1人1室利用で9万円～。

キャンプ場でワーケーション　蓼科湖畔の「TINY GARDEN 蓼科」の場合

温泉付きのホテルや旅館、キッチン付きの滞在型宿泊施設など、さまざまなタイプの宿泊施設が「ワーケーション」プランを提供しているが、ここは、キャンプ場でワーケーションができる施設。

都心から電車でも車でも約2時間30分、八ヶ岳のふもと、蓼科湖畔にあるTINY GARDENは、標高1250mに広がるアウトドアフィールド。キャンプ、ロッジ、キャビンの3つの滞在スタイルがあるが、ワーケーションで利用するなら、ホテルタイプのロッジがおすすめ。施設内はWi-Fiを完備。客室でも、コワーキングスペースでも、ラウンジやカフェ、天気のいい日なら屋外のベンチでも仕事が可能だ。

地元食材を生かしたレストランや温泉、ショップ、カフェなどもあり、長期滞在にも十分な設備とサービスがそろっている。大自然を満喫できるアクティビティのメニューも豊富だ。

利用者からは「自然の音や空気を感じながら仕事をすると、いつもとは違う発想やアイデアが生まれる」「仕事に煮詰まったときも、自然のなかですぐにリフレッシュできる」などの声が。ワーケーションに特化した宿泊プランも用意されている。

TINY GARDEN 蓼科
Camp,Lodge & Cabins

長野でテレワーク

2泊で25% off／2食（夕食・朝食）付／
ワークステーション利用券付／温泉浴場入浴料含む
LODGEコンフォート
（洋室ツイン・トイレあり・バスなし）
大人1名　1万6500円～

長野県茅野市北山8606-1
0266-67-2234
http://www.urban-research.co.jp/special/tinygarden/

働き方を変える4

故郷に戻って事業を拡大 人と"地元"をギフトで結ぶ

東京都↓
長野県上田市

アスパラガス農家の長男として生まれて
愛着と呪縛を感じ続けた故郷へのUターン。
東京で興したカタログギフト事業を拡げ、
地域はもとより日本中に元気を!

児玉光史《こだまみつし》さん

1979年、長野県上田市生まれ。株式会社 地元カンパニー代表取締役。IT企業勤務を経て、カタログギフトによる生産者支援を目指して起業。2015年にUターン移住。

地元カンパニーが提供するカタログギフト「地元のギフト」。このセットは「みんなで乗り切るギフト」として、コロナ禍の影響を受けながらもがんばる長野県の生産者の産品を集めたもの

日本中の地域の魅力を地元・上田から発信

北陸新幹線の上田駅から車を走らせること約40分。市街地が遠ざかり、山々に囲まれたのどかな景色が広がる。行く手に見えるのは標高2000m級の美ヶ原高原。平成の大合併で上田市に組み入れられるまで武石村だったこの地域の一角に、児玉光史さんが代表取締役を務める「地元カンパニー」の本社がある。

高校時代までを過ごし、東京での生活を経て戻ってきた〝地元〟で、児玉さんが展開する事業は、全国各地の選りすぐりの産品を地域やテーマごとにラインナップしたカタログギフト「地元のギフト」の制作・販売。ボックスにセットされたはがきサイズのカードには、1枚に1品、生産者たちのポートレートともに、商品にまつわるストーリーが会話の形で綴られる。つくり手の人柄が垣間見えることで、産品とともにそれぞれの産地がぐっと身近に感じられる仕掛けだ。縁のある地域の品を引き出物や内祝いとして贈りたい個人はもちろん、企業にも広く注目され、キャンペーンや福利厚生などにも利用されてきた。

空き家をリフォームした本社社屋。隣は実家で、裏には畑が広がる

児玉さんの哲学を新入社員の目線を借りて紹介するマンガ『児玉社長がバグってる』をnoteにて更新中。そこには、若き日のモヤモヤや、起業にいたる経緯も

空き家をリフォームしたオフィスの隣は実家で、そこには今も両親が暮らし、アスパラガス農家を営んでいる。極太でジューシーなアスパラも、当然カタログギフトの一品。生産に関しては、たまに収穫を手伝う程度だというが、児玉さんは販売という形で、家業の一端を担っている。

地元貢献の道を模索した東京での日々

「農業を継がねば!とか、あまり考えたことはなかったんですよ。でも長男なので、いつかは相続することになる。東京で暮らしていても、それはつねに呪縛のように、心のどこかにありました」。

東京大学農学部を卒業し、就職したのは大手ＩＴ企業だった。営業職を4年務めて退職。何か少しでも地元に役立つ仕事ができればと考えてのことだったが、具体的なプランはなかったという。

暗中模索のなかで出会った同じ境遇の「農家のセガレ」たちと、都内で実家のアスパラの手売りをスタート。「家業を継がないセガレだからこそ、できることがあると気づいた」。このプロジェクト「セガレ・セガール」が最初の一歩に。数年後、友人の結婚式の引き出物のカタログを眺めていて「みんなの地元の野菜や果物が選べるようなものがあれば」とひらめき、カタログギフトづくりに着手。東京・渋谷で起業し、4年後、拠点を故郷に移すことになる。

「地元に戻って仕事がしたいという思いがどんどん強くなって。当時は長野県へのUターンを促進する事業も手掛けていたので、上田の市街地にオフィスを借りて行ったり来たりし始めて、じわじわと重心を移していった感じです」。

スムーズに移住が叶ったわけではない。説得できず、一度目の結婚生活にはピリオドが打たれた。曰く「Uターン離婚」。

「愛より移住を選んだとか、全然そんな感じじゃないですよ(笑)。お互いの人生を総合的に考えると、しょうがないねって。つらかったけど、結果的にどちらも再婚し、子どもも授かったのでよかった。たぶん僕は、今の妻と出会うために、あのとき離婚したんだと思います」。

ワークライフの均衡重視 家事と育児も全力で

妻のなつみさんも長野県の出身。児玉さん一家は上田市内での借家住まいなどを経て、今は佐久市にあるなつみさんの実家で暮らしている。義父が一人でこぢんまりと住めるように一世帯分を増築し、母屋を借りる形をとった。

「最適な住まいを見つけるまでには3年くらい右往左往しました。一瞬だけこっちの実家にも住んでみたけど、僕が親とケンカばかりして全然だめでしたね。奥さんの実家に入るのが、みんなにとって一番幸せで、ヘルシーだと思う。僕の場合はそうですし、実際そういう話をよく聞きますよ」。

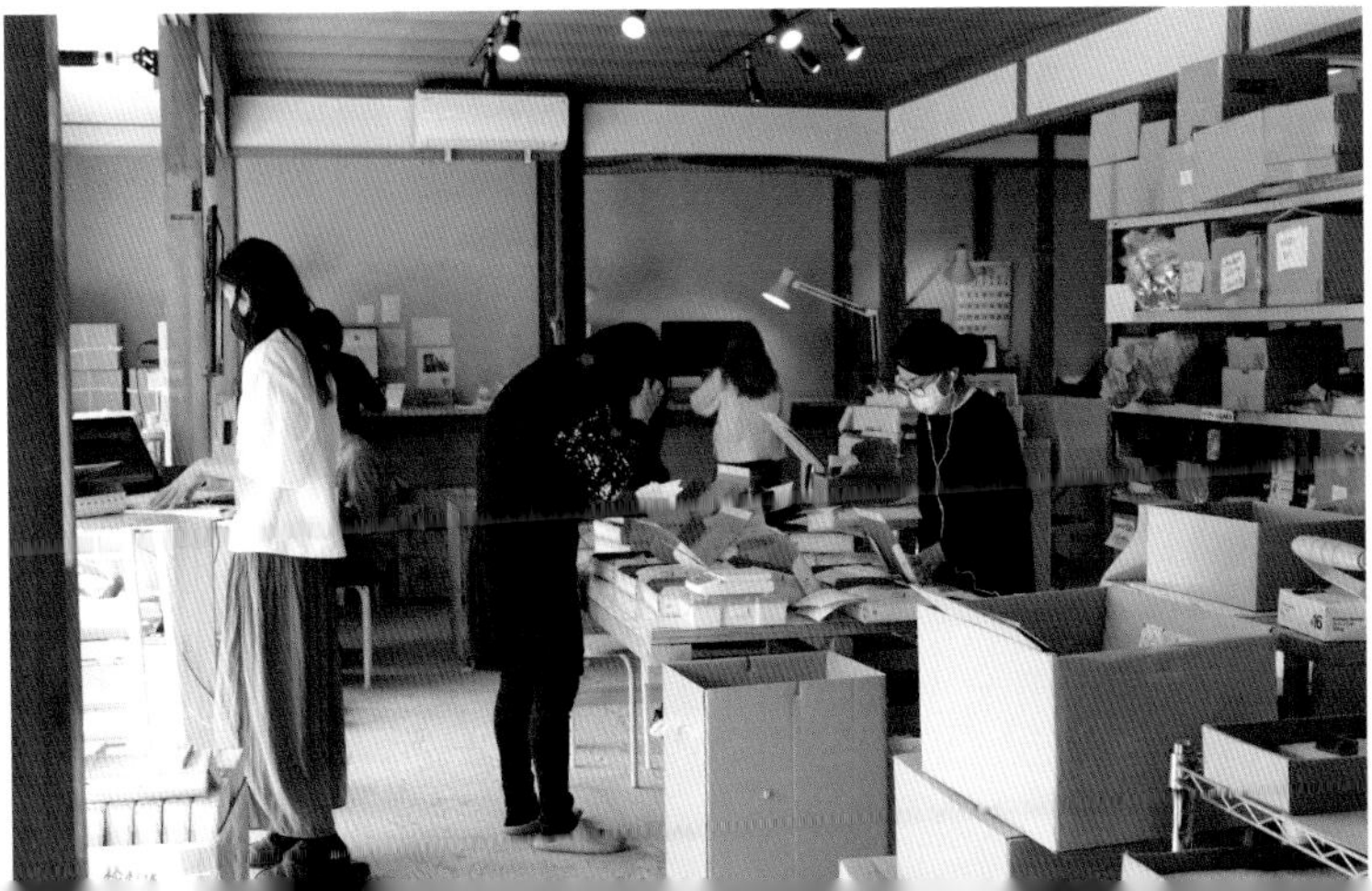

本社オフィス風景。作業スタイルはスタンディングが主流。デスクなどは児玉さん自らがDIYでつくった

自宅から本社までは車で45分くらい。上田市街と佐久にもオフィスを置いて3拠点体制に。全部で20人ほどの社員を雇用している。オフィスを分けたのは、社員たちの通勤の便を考えてのこと。「遠いと採用自体が難しくなる。ここでは、いかに生活を邪魔しない職場かということが大切なんです」。多くの人が無理なく関われるように、業務自体を細分化。時短勤務のパート社員でも十分に活躍できる環境を整えた。

仕事はきっちり定時で終了。残業はさせないし、自分もしない。「エンドレスで事業のことを考えていても、とにかく家に向かって移動を始めます。帰れば家事が待っている。育児は熾烈で、僕じゃ手に負えないことも多いですが、それ以外、妻でなくてもできることはなるべく全部、僕がやるようにしています」。まだ幼い3人の育児に奮闘しながら、地元カンパニーの社員として働くなつみさんを「自分のやりたいこともあるだろうに、いろんな悩みを抱えながらがんばってくれている」と気遣う。その負担をなるべく減らしたくて「妻の弁当も僕がつくります」。

休日は家事と育児に追われ、今は趣味に割く時間などないというが、好きなのはロードバイク。地元に戻ってつくった趣味だ。

趣味はロードバイク。好きになるためにまず読んだというマンガがオフィスに全巻揃っている

「長野だったらいろんなところに行け

社員総出で「芋ニケーション」。さつま芋を育て、収穫後は干し芋に

実家の農地にて、父の守さんと子どもたちと

ますから。美ヶ原の坂を、ひたすら上って下りてくるのも楽しい。平日に、会社を抜け出して行けばいいかなと思っています。みんなにも有休を使ってもらいたいし、そういう気楽な雰囲気は、率先してつくっていきたいですね」。

家業という「呪い」を新しいパワーに変換

　家業のある家に長男として生まれた者にとって、地元への思いは複雑だ。「勝手に与えられてしまった贈与、裏返せば負債みたいなものとともに生きている」。それをこじらせたり、封印したりする人も。「淡い思いをずっと抱えて生きるのも、幸せかもしれません。戻ったらその思いは消えるので」。でも児玉さんは、Uターンという形で正面から向き合い、自らにかけられた（かかっていると思い込んでいた）「呪い」を解いた。

「いうなれば、継ぐべき〝家〟を地元カンパニーという法人に変換した、という感じ。それによって僕がここにいなくても残せる選択肢ができた。負債だと思っていたものが、法人にとっては強みになり、僕自身は自由になりました。戻ってきた段階では、そんな道筋は思いつかなかった。ここでいろいろやってみて、今だからできる解釈です」。

　このまま事業が伸びれば、地元に雇用を増やし続けられる。親には、元気なうちに孫たちと頻繁に会える環境をつくれたことで孝行もできた。ずっと投げかけられていた「おまえはどうするんだ？」という自身への問いに、自分なりの答えが出せたという。「あとは、日々何も変わらない環境の中で、暇を持て余して苦しかった子どものころの自分に『同じ場所でもこんなに楽しく生きられるぞ！』と、証明できたことも大きいかな。いろんな意味で、抱えてきた地元への屈託が、すべて成仏した気はしています」。

ギフトの持つ可能性にロマンを感じて

日本各地の〝地元〟を元気にしたいという思いで始めたカタログギフト事業についても、少し見方が変わってきたという。

「そもそも地元はどこも元気なんですよ。経済的にはそうじゃないかもしれないけど、食べ物をつくっているからかな、元気がある。そういう、地域が持っているエナジーを、足りていない人に届ける手段だというふうに捉えるようになりました」。

商取引ではなくギフトだから、たとえば企業のキャンペーンなどで、何かの拍子に届くかもしれない。事業が大きくなればなるほど、受け取る人が増える。日本中に行きわたる可能性だってある！

「今、本当につらい人が、たまたま受け取ることで、少しチャージできたりとか。1万件に1件でも、そういうことがあれば本望。その件数をちょっとでも増やすために、僕はここで淡々と、事業を拡大していきたい。社会の偏りを緩和する機能が、ギフトにはあると思うんです」。

長女と長男、ここには写っていない次女。3人の子どもの存在も活力に。「東京で暮らすより、長野で子育てするほうが好きですね」

大地震や大型台風、豪雨などで被災した地域の産品を集めた「復興支援のギフト」もリリース

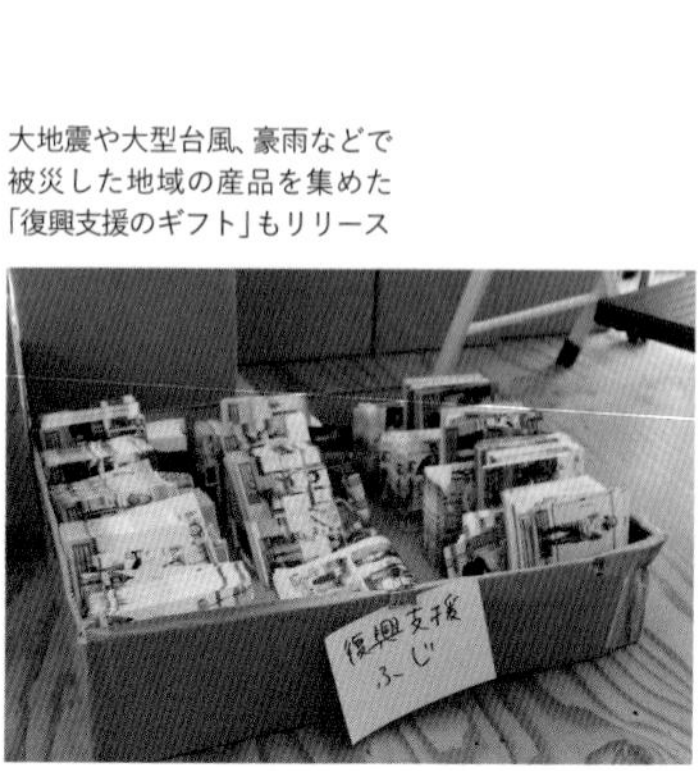

児玉さんの移住 DATABASE

Before After

	移住前		移住後
居住地	東京都	→	長野県佐久市 (法人登記は上田市)
家族構成	2人(自分、妻)	→	5人(自分、妻、子ども3人)
住まい	賃貸住宅 2LDK	→	妻の実家(2世帯住宅に増築)
仕事	起業家 (ベンチャー企業向け賃貸オフィス・約10万円/月)	→	起業家 (実家所有の空き家を約400万円でオフィスに改装。他2拠点)
趣味	仕事ばかりで特になし	→	ロードバイク

Question

移住のきっかけ	地元に戻って仕事がしてみたいと思った
移住先を決めたポイント	生まれ育った場所だから (居住地に関しては、妻の実家への入居がベストという判断)
交通事情	車が必須
公共サービスの充実度	佐久市は開発が進み、都市部に近い感覚
収入や支出の変化	子どもができたので比較にならないが、 妻の実家に入居したので居住費は小さくなった。 車を複数所有しているのでその出費は大
支援制度の利用	なし
ご近所付き合い	良好。妻にとっては昔からの知り合いなので
移住してよかったこと	親孝行できた。家業という呪縛から自由になった

お試し田舎生活

クラインガルテンで農業体験

「クラインガルテン」とは、ドイツで200年以上の歴史を持つ農地の賃貸制度のこと。一区画ごとに宿泊施設が設けられている滞在型市民農園で、気軽に田舎暮らしや農業体験が楽しめる。

本格的に移住しなくても、プチ田舎暮らしや農業体験を楽しみたい、という人に人気の施設が「クラインガルテン」。現在日本に70施設ほどある滞在型の市民農園で、100~200㎡の農地と、そこに設けられているラウベと呼ばれる宿泊施設を期間限定で賃貸して利用するシステムだ。

区画年間使用料金を支払えば、農地もラウベもいつでも利用可能なので、週末だけ通ったり、長期間滞在することも可能。多くのクラインガルテンでは、農業の専門家のていねいなアドバイスが受けられるほか、農機具などのレンタルがあるところも。ラウベは基本家具付きで、すぐに暮らせる設備が整っている。

利用期間は4月~3月の1年間。問い合わせや申し込みは随時できるが、人気の施設は区画の空き待ち、ということも多い。また、利用後は1年ごとに更新ができるが、利用は5年(最大10年)まで、という制限がある。さらに有機栽培を推奨しているところは、農薬の散布ができないなど、その施設ごとのルールもあるので注意が必要だ。

年間を通して、土を耕し、種を植え、収穫をするという暮らしが楽しめるクラインガルテン。将来、農業をしたい人や、移住を考えている人が、「お試し体験」として利用するケースも多く、実際にここが気にいって、近隣に土地や家を買って本格移住する人もいるという。

クラインガルテン利用にかかる費用

区画年間使用料

ラウベ（簡易宿泊施設）と区画の使用料金。
30万円～ 70万円程度が一般的

初期費

0円のところが多いが、
入会金などが必要になる場合もある

光熱費

電気、水道、ガスなどは自費負担。
オール電化の施設もある

交通費

往復にかかる交通費。使いこなすためには、
アクセスのよさも重要なポイント

＼ 全国のクラインガルテン ／

住所	名称	利用料金（簡易宿泊施設付区間年使用料）	初期費用	畑の広さ	更新／利用期間	問合せ
北海道 岩見沢市	岩見沢市栗沢 クラインガルテン	253,000円	なし	100㎡	1年／最長10年	0126-34-2150
福島県 下郷町	クラインガルテン下郷	300,000円	なし	200㎡	1年／最長5年	0241-69-1188
茨城県 笠間市	笠間クラインガルテン	419,030円	なし	100㎡	1年／最長5年	0296-70-3011
新潟県 小千谷市	おぢやクラインガルテン ふれあいの里	403,330円	50,000円	200㎡	1年／最長5年	0258-83-1722
東京都 奥多摩町	おくたま海沢ふれあい 農園	600,000円	なし	100㎡	1年／最長5年	0428-85-8685
新潟県 妙高市	クラインガルテン妙高	431,700円	なし	150㎡	1年／最長5年	0255-82-3935
山梨県 甲斐市	甲斐敷島梅の里 クラインガルテン	400,000円～	300,000円	140㎡	1年／最長5年	055-267-0831
長野県 立科町	立科町クラインガルテン	300,000円	なし	100㎡	1年／最長5年	0267-88-8408
長野県 喬木村	クラインガルテンたかぎ	360,000円	なし	200㎡	1年／最長5年	0265-33-5127
岐阜県 高山市	飛騨高山 彦谷の里	420,000円～	15,000円	16㎡～	1年／最長5年	0577-67-3182
兵庫県 多可町	ブライベンオオヤ	309,000円～	350,000円	32㎡	1年／最長5年	0795-32-4779
広島県 江田島市	江田島やすらぎ 交流農園	308,000円～	なし	120㎡	1年／最長5年	0823-43-1644
高知県 四万十市	クラインガルテンしまんと	291,600円～	なし	50㎡～	1年／最長3年	050-8807-8524
愛媛県 今治市	ラントゥレーベン大三島	312,000円～	なし	100㎡	1年／最長5年	0897-82-0500
鹿児島県 鹿児島市	グリーンファーム 滞在型市民農園	216,000円～	なし	50㎡	1年／最長3年	099-345-3337

※申し込み時期、空き状況、使用料金以外にかかる費用については直接お問い合わせください

働き方を変える5

作家として、地域に根付いた仕事と暮らしが始まった

千葉県→京都府→
滋賀県守山市

結婚を機に京都から滋賀へ移住した陶芸作家の小川文子さん。
移住という選択が彼女の作家人生にもたらした変化とは。

小川文子《おがわあやこ》さん

陶芸作家。京都市立芸術大学美術研究科陶磁器専攻修了。器制作のほか、オリジナルアクセサリーブランド「ayako.ceramics」の制作販売、金継ぎワークショップも行っている。

あらゆる素材の美しさを生かして作られる小川さんの作品。写真は滋賀のアーティストとの共作で、廃材となった端ガラスを高火度で溶かし込んで作った器「KILN OUT（キルンナウト）」

大好きな陶芸の仕事が移住によって幅が広がる

陶芸に出合ってからもう15年の月日が経つ。小川さんが陶芸を始めたのは高校生のときだ。ろくろを回したときの、あの土の艶やかな触り心地に心を奪われた。

それから学生時代は陶芸を学び、卒業後も陶芸に携わる仕事に就いた。ものを作る仕事だけではなく、高校で陶芸を教えることもあった。小川さんにとって陶芸に携わる仕事をすることは、朝起きてごはんを食べるのと同じくらい、ごく自然なことだった。

「陶磁器の魅力が伝わりやすいように、〝素材感〟に目がいきやすいアクセサリーを制作しています。最近はそこに器の制作や金継ぎワークショップ、陶芸体験といった仕事も徐々に増えています」。

2019年に滋賀へと移住した小川さんだが、今年に入って、器作りのプロジェクトが動いている。ホテルで使用するルームキーの製作も依頼された。陶芸作家として活動の幅を広げる小川さんだが、自由に制作できるようになったのは移住してからのことだ。

移住前は小川さんを含む陶芸家3人ほどで、京都に共同アトリエを借りていた。あまり広いスペースではなかったので、そのなかでできる仕事をしていくことで、スペースの足りなさを補っていたという。それでも、家と共同アトリエとの往復はハードだ。粘土の乾き具合を確認したり、器の裏面を乾かすためにひっくり返したり、こまめに面倒を見る必要がある。器をひっくり返す作業のためだけに自宅から共同アトリエへと自転車を走らせ、ついでだからとそのまま夜中まで作業をする日は珍しくなかった。

しかし移住してから、そうした生活が一変する。

「滋賀で中古物件を購入しました。リフォームを行い、自宅にアトリエを併設したんです。大きい窯をアトリエに入れることができたおかげで、手のひらサイズのアクセサリー以外の制作もできるようになり、作るものの幅がぐっと広がりました。また自分の場所を構えたことでワークショップを始めたり、滋賀のアーティストと新しいもの作りにチャレンジしたりと制限が外れた感じがしています」。

暮らしと仕事がつながり気持ちも生活も整った

自宅と共同アトリエを行き来していた移住前、小川さんは暮らしと仕事が分断されているように感じ、どこか居心地の悪さを抱いていた。生活も不規則で、バランスがうまくとれなかった。しかし今は朝起きてすぐや、ごはんを食べたあとなど、いつでもアトリエへ足を運び、粘土の様子を見に行くことができる。作業していてひと息つきたいときに、料理をすることもできるようになった。暮らしと仕事がなだらかにつながったことで、気持ちや生活に余白が生まれたのだ。

「もともと料理が趣味なのですが、最近はスパイスを数種類使用したローストビーフや皮から水餃子を作るようになり、ちょっとした楽しみを暮らしのなかに取り入れるようになりました。夫と住み始めてからは、自分の作った料理を食べてくれる人がいるから、器も自分で作りたいと制作にもよい意味で影響がでています」。

余裕のある日は夕方から夕食を作り始める。ちびちびとお酒を飲みながら料理をするこの時間は、小川さんにとって至福の時間だ。こんなふうに過ごせるようになったのも、暮らし

料理も大好きな小川さんは、ローストビーフも手作りしてしまうほど。使用するスパイスの数も日々増えているのだとか

自宅のアトリエでワークショップも開催。特に金継ぎワークショップが人気で、自宅でできるように開発した金継ぎキットも好評

や気持ちが整ってきたことによるものである。

もうひとつ、自然が身近になったことも大きい。滋賀のシンボルである琵琶湖へ行ってお茶を飲むこともあれば、2階のベランダで過ごすこともある。マンションのような気密性の高さが中古物件にはないからこそ、その不便さを楽しむことを大切にしている。おかげで今は、家の中と外との境界線が溶け合い、家の中にいても自然を感じるような過ごし方をするようになった。

最初は移住に対して不安もあった

滋賀での暮らしを満喫している小川さんだが、実をいうと最初は移住に乗り気ではなかった。学生時代から住み続けてきた京都を「自分のホームタウンにしていきたい」と、そう思った矢先……。

「夫と結婚する際、滋賀にある会社に転勤すると聞いて、移住の話があがりました。ようやく京都になじんできたところだったので、最初は知らない土地へ行く不安が大きく、離れたくない気持ちも強かったように思います。話し合いを重ねましたが、場所を問わずに仕事ができる私と違い、夫は通勤

琵琶湖を眺めながらハンドドリップのコーヒーを。小川さんは旅やアウトドア好きな一面も

琵琶湖でキャンプをするときも調理道具を持っていく。写真は朝ごはんにと作った卵料理

移住したことで大きな窯を導入。大きめの器も作れるように

が必要なため、最終的に私が折れた感じですね（笑）」。

　移住先は、旦那さんのご実家の隣。購入した中古物件は、もともとお義父さんの持ち家だったものだ。とはいえ、いざ移住してみると暮らしや仕事が整い、作家活動の幅もぐっと広がった。結果として小川さんの選択は大正解だったといえる。

ワークショップではろくろもレクチャー。ちなみにもともと物置になっていた場所を小川さんが改装し、アトリエに

「滋賀の暮らしで困ったり、わからないことがあったりしたときは、隣に住むお義母さんに教えてもらえますし、今後子育てのことを考えてもありがたい場所に来たと思います。今まで参加したことのない町内会の活動にも、積極的に参加するようになったんですよ。地域の人との関わりも増え、この地に受け入れてもらっていると感じています」。

　おそらく小川さんと同じように、結婚やパートナーの転勤を機に相手についていく形で自分の居場所を変える人は多いだろう。ただ、それを転機と捉えることで、想像以上に暮らしや仕事が整うことだってある。きっと小川さんの自分に起こる状況を受け入れる力こそが、暮らしや仕事の充実

をもたらしたのだろう。

滋賀は作家にとって必要な環境がそろう地域

実は滋賀という地は、作家におすすめなのだと教えてくれた。京都だけでなく、大阪にも東京にも出やすい立地。関西空港から海外にもすぐ飛べるため、海外と取引のある作家にとってうれしい環境だろう。実際に小川さんは海外でも展示を行っているため、アクセスの近さに助かっているのだという。

「特に陶芸作家は、材料である土のとれる信楽や岐阜が近いのはうれしいんですよね。信楽焼や多治見焼といった焼き物の産地ですし、私自身学べることが多いだろうなと思っています。漆を扱う作家だと、北陸に出やすいのもうれしいんじゃないかな」。

すぐに都心や海外へ行ける便利さに加えて、産地が近いことで学びを深め、自身の活動に生かせる環境もある。確かに作家にとってはありがたい環境だ。さらに小川さんの住む町では陶芸作家として活動するのが彼女ひとりだから、地域の人に興味を持ってもらいやすい。そうした注目の集めやすさも、活動するうえで大切なポイントになるのだろう。

この土地に還元したいという思いが芽生える

「子どものころはいわゆる転勤族で、生まれた場所と育った環境がバラバラなんです。京都、千葉、奈良などいろんな場所で暮らしました。どこが出身地という感覚はなく、いつもその地域にどう受け入れてもらうかを無意識に考えていたように思います」。

自分のホームタウンを心のどこかで求めていたのかもしれない。そんなときに意図せず出合ったのが、滋賀だった。この場所に腰を据え、生きて

欠けた器も金継ぎをすれば、おしゃれ度もアップして愛着も湧く

陶器と金継ぎで使われる金粉で作られたアクセサリー。陶芸で六角形を成形して2つに割り、片方は漆を、もう片方は純金粉を使い作られる

上：琵琶湖は小川さんがよく訪れるお気に入りスポット
下：友人を呼んで、手作り料理をふるまうホームパーティーを開くことも

いく。そんなホームタウンになっていくワクワクができた。1年半暮らしてきてその思いは覚悟へと変わっていく。

「今まではどこが自分のホームタウンかわからない、ふわふわした感覚がありました。それが滋賀に移住したことで、ずっとここに関わっていくんだという覚悟が生まれたのは、自分としても大きな変化だと思っています」。

　移住をきっかけに、得られたものがたくさんある。受け入れてもらった恩もある。小川さんは今、滋賀に還元したいという思いが芽生え始めた。滋賀は琵琶湖を中心に豊かな自然が広がり、四季折々の表情を見せてくれる。自然だけでなく人もおだやかで、幸福度の高い県だ。都心への出やすさからファミリー層にも人気が高い。だが、まだ発掘されていない魅力があると話す。

「滋賀が目的地になる人がいるんじゃないかと思います。今やってみたいと思っているのは、琵琶湖で作られている真珠や浜辺の砂といった、滋賀にある素材を使ったもの作り。地産地消じゃないけど、滋賀ならではのアクセサリーを作って、おみやげにできたら楽しいんじゃないかなって考えています」。

　滋賀に根を下ろした彼女の人生はまだ始まったばかり。これからどんな旅路を歩んでいくのだろう。

小川さんの移住 DATABASE

Before After

	移住前		移住後
居住地	京都府	→	滋賀県守山市
家族構成	1人(自分)	→	2人(自分、夫)
住まい	賃貸アパート1DK ＋作業場(間借り)	→	一戸建て 3LDK＋作業場 中古で購入し、 水回りや作業場などをリフォーム
仕事	陶芸家	→	陶芸家
趣味	料理	→	料理の幅が広がる (スパイスやハーブの種類を 増やすなど)

Question

移住のきっかけ	結婚と夫の転勤がきっかけ
移住先を決めたポイント	夫の故郷だったから
交通事情	遠方には車を使うが、電車の便もよい。 京都まで30分圏内
公共サービスの充実度	病院やスーパー、学校など充実。 特に不便さは感じない
収入や支出の変化	コロナ禍直前の移住だったこともあり、 その影響で収入は減少。 支出も家賃などはなくなったので、その分減っている
支援制度の利用	市の住宅改修助成制度(総額の10%)
ご近所付き合い	地域の掃除などで交流する機会がある。 同年代は少ない
移住してよかったこと	自分のホームタウンができたことで、地域に根付いた 仕事や暮らしがしたいという気持ちになった

神奈川県↓
高知県香美市

働き方を変える 6

土佐打刃物《うちはもの》の産地で鍛冶職人になる夢を追う

大学のころに見た鍛冶屋の仕事に憧れ
一度は別の企業に就職するも、夢を捨てきれず挑戦。
高知県香美市で土佐打刃物職人に教わり
立派な鍛冶職人になるべく修業中。

藤田《ふじた》将尋《まさひろ》さん

1995年、神奈川県相模原生まれ。高知県土佐刃物連合協同組合主催「鍛冶屋創生塾」の1期生として、土佐打刃物の鍛冶職人になるべく技術と知識を習得中。2019年移住。

研修では、現役の鍛冶職人が丁寧に教えてくれる

大学4年生で体験した鍛冶屋の仕事場

刃物の5大産地のひとつに数えられる高知県香美市。ここで鍛冶職人になるべくひたむきに修業に励む若者がいる。

神奈川県相模原市で暮らしていた藤田将尋さんが運命の出合いを果たしたのは、東京農業大学在学中に学内の掲示板に貼ってあったチラシだった。

「大学4年生のときです。地域おこし協力隊の紹介のなかのひとつだったと思います。青森県の鍛冶屋を見学するツアーがあって、興味があったので参加しました。実際に参加したのは僕ともう一人だったんですけど(笑)、人が少なかったぶん、ゆっくり見ることができたと思います」。

この見学では、実際に補助をしてもらいながら鍛冶屋の仕事を体験させてもらった。鍛冶屋を目指すきっかけは、このときの実体験があったからだという。

「熱せられて、赤く少し黄色みがかった鉄が叩くだけで形を変える様が生き物のように見えました。叩く人が思い描く形や表情になっていくのを見て、おもしろい仕事だなと思ったんです」。だがすぐに職人になるという考えではなく、「いずれ目指そう」という気持ちだったという。

「大学4年生だったこともあり、現実

熱い鉄を叩く機械

刃物を研いで
形を整えている

的なことを考えて公務員が安定だよなと、自分のなかで納得して公務員試験を受けました」。

公務員試験の倍率は高く、不採用。その後、就職活動をして、土木関係の会社に就職した。

土木関係の仕事場で、将来の夢を話したところ、上司に仕事を辞めて夢を追うか、夢をあきらめて仕事を続けるか、決断を迫られたという。

「会社にいたら、安定した生活をしていけます。しかし、鍛冶屋のほうに進んだときに生活が安定するかどうかもわからない。仕事を辞めて鍛冶屋の夢を追うか、本当に悩みました」。

夢を追い飛び込んだ見知らぬ土地・高知へ

インターネットで「鍛冶屋募集」などで検索して、ヒットしたのが高知県の土佐刃物連合協同組合が始めた「鍛冶屋創生塾」の1期生の募集だった。

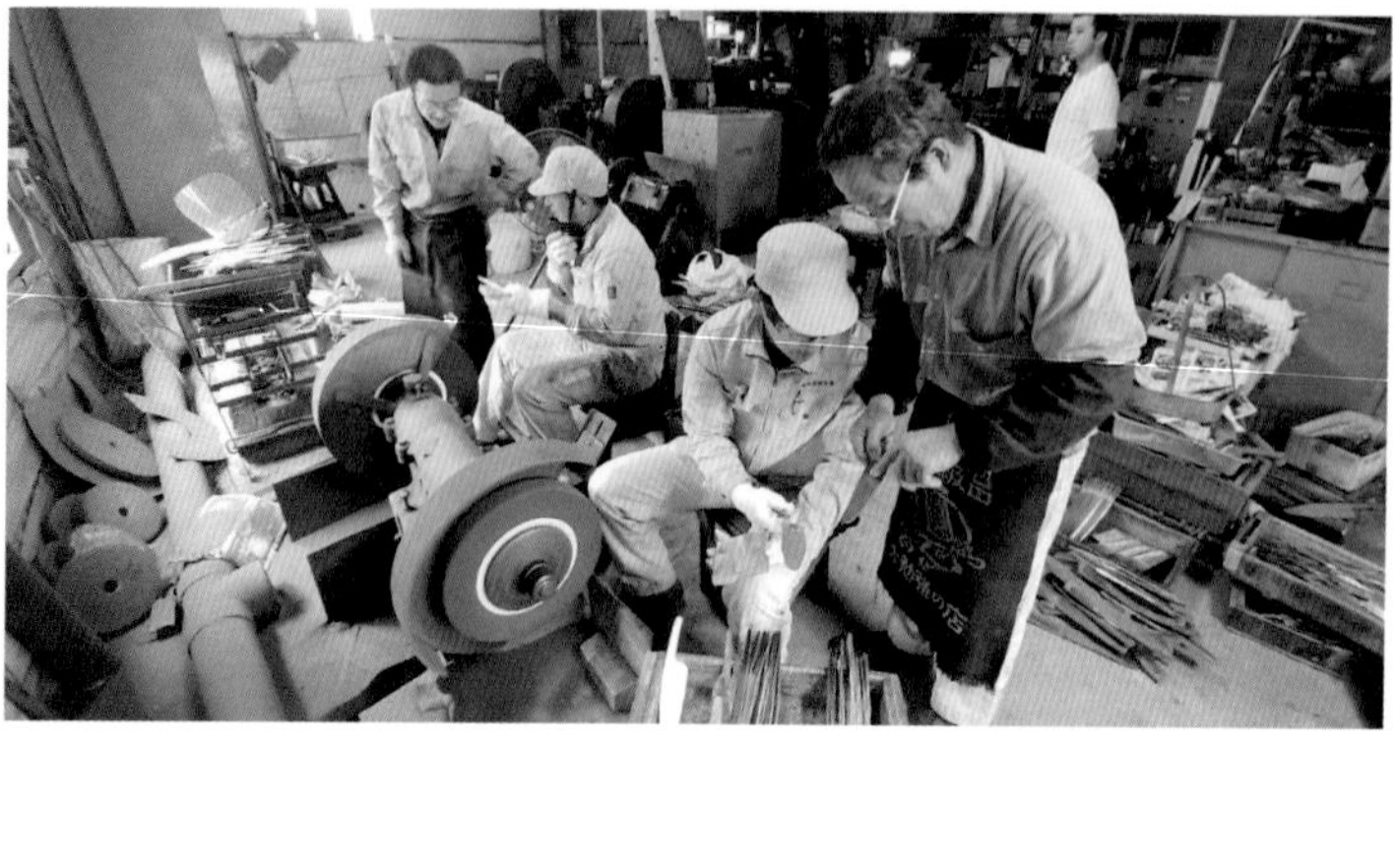

研ぎ具合ややり方
を教えてもらいな
がら何度も練習

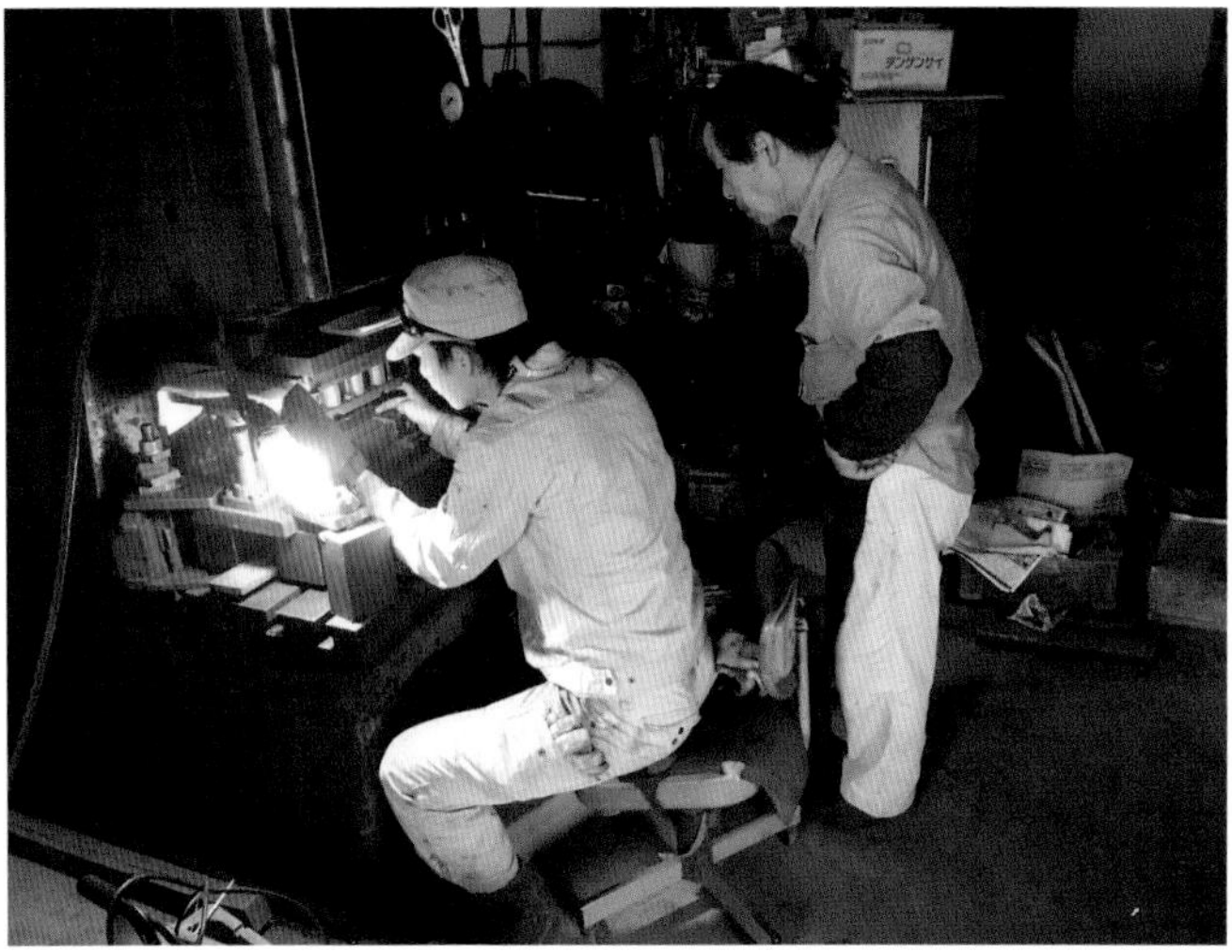

伝統工芸士の工場に向かい、片刃包丁の作り方を習うことも

土佐打刃物の歴史は古く、鎌倉時代後期の1306年、大和国（奈良県）から移り住んだ刀鍛冶が発祥といわれている。1590年の記録によると、399軒の鍛冶屋がいたそう。江戸時代になると、農業・林業用の打刃物の需要が増え鎌、鉈《なた》、鍬《くわ》などの製造を中心に発展。切れ味や耐久性、手入れのしやすさが特徴だ。土佐打刃物は職人が自由自在に形を作る「自由鍛造《たんぞう》」のため、高度な技術が求められるそう。

鍛冶屋創生塾は、1998年に国から伝統的工芸品として指定された土佐打刃物の深刻な担い手不足を解消するために作られた。鍛冶屋が単体で、新しい人材を採用するとなると、その人間の生活面や給与面など考えなければならない面も出てくる。

一方、鍛冶屋創生塾は県の伝統的工芸品産業等後継者育成対策事業費補助金を活用しているため、鍛冶屋にかかる負担は少ない。藤田さんは月15万円の補助金から月4万円の研修費や生活費を賄っている。

技術を自分のものにするため、大量に包丁を作る

現役の鍛冶屋職人から生きた技術を学ぶ

鍛冶屋創生塾の講師は、市内に工房を構える現役の鍛冶職人たち。週替わりや月替わりで交代しながら講師を務めている。

「講師の職人さんによってやり方が違うので、講師が変わると今までやっていたやり方と違う！と混乱しますが、

自分で漬けた梅干しだから、よりおいしい！

藤田さんのお父さんから鍛冶屋創生塾1周年記念に贈られた、
青森県産のふじを使ったお祝い

視野が広がるという点ではそれもいいことかなと思っています」。

　職人の世界は、こうしなければならないという厳しいしきたりがあるのかと思いきや、香美市はそんなこともないようだ。

「高知の人たちはみんなウェルカムな感じでした。想像していたよりも柔らかい印象です。怖いのは苦手なので、本当によかった」。質問しやすく、教えてもらいやすい環境で、研修生たちものびのびと学べている。

　創生塾に入塾し、実習が始まった当初は上半身が筋肉痛になった。

「機械を使った作業であればいいのですが、初めて鎌を作る練習をしたときは、鉄を叩くためにハンマーを振って腕がパンパンになりました。筋肉痛に耐えながら鎌を作っていましたね。ちょうどインフルエンザにかかってしまい、この体の痛みは筋肉痛なのかインフルエンザなのかわからないときもありました（笑）」。親指と人差し指の間の部分に、まるく筋肉がついたようで、変化していく自分の体に驚きもしているそう。

　楽しい瞬間はいつなのだろう？

「熱い鉄を叩いているときも、形を整えているときも、研いでいるときも、すべてに言えることですが、悩みながら手を動かして、こういう叩き方をして伸ばしていけばこうなるとわかった瞬間や、うまく研げなかった刃物が以前よりきれいに研げた瞬間とか、悩んでいたことが急に解消される瞬間は、楽しいです。あとは、思い通りのモノができあがった瞬間は楽しいしうれしいですね」。

　刃物は、ある程度長く使わないと、モノの良さがわからないという。最初は切れていたのに、だんだん扱いにくくなったり、最初使いづらいと感じ

25歳の誕生日。創生塾内では研修生やスタッフの誕生日を祝い合うなど仲良し

ていたモノが徐々に使いやすくなるというパターンもある。手になじんでこないと本当の良さはわからないのだ。

準備半月のスピード移住で初めて実家を離れる

藤田さんの父親も建具職人として大型の木工製品を作る会社で働いている。手に職をつけるという意味で鍛冶屋職人への道は反対されなかった。一方母親は、生活の部分で心配をしていたようだ。土木関係の会社に勤めていたときに、現場が遠くてプチ一人暮らしの経験はあったが、半年以上実家から離れるのは初めてだった。

鍛冶屋創生塾の合格発表が2019年8月末。当時、土木の会社は辞めて、アルバイトをしながら鍛冶職人になる準備をしていた。

「アルバイトのシフトもあり、準備に充てられる時間が限られていました。一番大変だったのは、住む場所を見つけること。最初は空き家バンクを利用しようと思っていましたが、すぐに引っ越さなければならなかったので、2日ぐらい現地で物件を見て決めました」。

合格発表後、半月程度で引っ越し先まで決めたというスピード移住。最初は、1Kのアパートに住んでいたが、近隣の生活音が気になった。その

大家さんの隣の家に住んでいるので、目の前には立派な庭も

空が広くて、自然が豊かな気持ちのいい町

後、知り合いが車を譲ってくれアパートの駐車場では手狭になったため、前回は時間がなくて利用できなかった空き家バンクを使って物件を探した。「原付、バイクもあるので駐車スペースが広い場所がよかったんです。今は、大家さんの敷地内に立つ、隣の家を借りています。母屋が近いわけではないので、生活音も気にならず住みやすいです」。

地域との関わりも ちょうどいい距離感だった

新しい土地で暮らすうえで欠かせないのが地域でのコミュニケーションの取り方。

「実際に移り住んでみたら想像していたよりも地域の人たちが優しかったです。自治会の掃除や集会などで年に数回顔を合わせる機会はありますが、いい距離感で付き合えていると思います」。

また、方言についても父親が青森出身で津軽弁になじみがあったため、土佐弁に抵抗はなかった。「『しゅう・しちゅう・しよった』のように三段活用する言葉がありますが、わかりやすい。あっているか不安な部分は、標準語でしゃべっています（笑）」。

たとえば、何かが壊れたらすぐに修理業者が来てくれるといった首都圏の便利さがなくなり、自分で解決しなくてはならないことも多く出てくる。誰かに頼りっぱなしにならずに、自分の生活に責任を持つことが大事だと藤田さんは話してくれた。

「10年後ぐらいには自分のやりたい鍛冶屋のスタイルで生活していけたらと考えています」。２０２１年10月に創生塾を卒業して次の工房へ。これからも香美市で、土佐打刃物の鍛冶屋職人として独り立ちを目指して修業を続けていく。

藤田さんの移住 DATABASE

Before After

	移住前		移住後
居住地	神奈川県	→	高知県香美市
家族構成	6人(自分、父、母、妹、祖父、祖母)	→	1人(自分)
住まい	一軒家　5LDK	→	古民家　2K
仕事	土木施工管理会社会社員→アルバイト	→	鍛冶屋創生塾1期生
趣味	津軽三味線などの楽器の演奏、バイク、動画編集、旅行	→	津軽三味線などの楽器の演奏、バイク、動画編集、旅行、DIY、観葉植物の育成

Question

移住のきっかけ	鍛冶職人の夢を実現するため
移住先を決めたポイント	鍛冶屋創生塾の1期生に合格したから
交通事情	住む場所によるが、車やバイクなどの移動手段は必要
公共サービスの充実度	小学校・中学校・高校・大学がある。 病院もいくつかあるので、病気などにかかっても安心
収入や支出の変化	県・市からの後継者育成制度の補助金がある。 休日はアルバイトもしているため、 会社員をしているときと大差なし
支援制度の利用	移住の支援はなし
ご近所付き合い	大家さんが畑で採れた野菜や夕飯のおかずを おすそわけしてくれる
移住してよかったこと	鍛冶職人としてスタートできた。高知の人が優しかった

なりたい職業に就くために

移住して仕事を覚える

農業をしたい、林業や漁業に携わりたい、伝統工芸の職人になりたいなど、なりたい仕事を目指して移住を決断する人もいる。どうすれば憧れの職業に就けるのか、その道筋は？

林業で働く

現在、林業従事者は最盛期の約3分の１となり、さらに年々減少していることから、「森林作業員」の求人は増加している。仕事内容は「伐採」「集材」「地ごしらえ」「植え付け」「下刈り」「枝打ち」「間伐」など。自然が相手なので天候にも左右され、体力が必要で危険も伴うが、自分の手で山や森を育てる、というやりがいのある仕事でもある。ただし、チェーンソーなどの機器を扱ったり、高所作業があるなど、技術の習得には年単位の訓練が必要とされる。

林業に就きたいなら、**森林組合**もしくは、**民間の林業事業体**に勤務するのが早道。全国森林組合連合会が就職相談会を開催しているほか、地方自治体による**林業体験**や**林業就業支援講習**なども行われている。

全国森林組合連合会
http://www.zenmori.org

農業で働く

農業人口が急減し、農業従事者の高齢化が進む農業だが、新規就農を希望する人も多い。

最近では、農業を会社組織として運営する「**農業法人**」が増えており、そこに就職するのもひとつの方法だ。また、自ら農地を取得して起業する場合は、土地探しや技術の習得など、ハードルが高いことは覚悟しておきたい。ただし、新規就農に対する支援制度は充実しているのでフル活用を。

まずは国や地方自治体、JAなどが主宰する「**新規就農相談センター**」に相談してみよう。イベントやセミナーなどに参加して、実際に体験することも大切だ。また、農業を実践的に学べる**農業大学校**などの専門機関を利用することもできる。

全国新規就農相談センター
https://www.be-farmer.jp

新・農業人ポータル
https://www.maff.go.jp/j/new_farmer

職人を目指す

手仕事のよさが見直され、伝統工芸をはじめとするものづくりの「職人」の世界に関心を持つ人が増えている。かつては大量生産品などに押され職人の地位が低下、後継者難も叫ばれたが、国や地方自治体の支援や海外への販路拡大の取り組みなどもあり、活気を取り戻しつつあり、新規就業者も増えているという。

「手に職をつけたい」という若者世代のために「職人育成コース」を設置する高校や大学が増加。また、まったく別の業界から職人を目指す人のためには、**技術を養成する施設や事業、教育研修機関**が用意されているので、その分野の組織（工業組合など）や、その地方の自治体に問い合わせてみよう。ただし、職人の世界は腕次第。時間と努力が必要な仕事だということは肝に銘じておきたい。

漁業で働く

漁業には「遠洋漁業」「沖合漁業」「沿岸漁業」と種類がある。「遠洋漁業」は大型船で長期間航行し太平洋や大西洋で漁を行う。「沖合漁業」は、日本から2～3日で帰れる漁場で漁を行う。ただし、日本の漁業の約90％は、5～10トンほどの小型船で日帰りで漁をする「沿岸漁業」。また最近注目されているのが「養殖」で、ノリやワカメ、カキ、マダイ、ブリなどのほか、養殖生産技術の進歩により、これまで養殖は難しいとされていたウナギやクロマグロの養殖も実現している。

漁業に就きたいなら、**漁業協同組合**に勤務する、**民間の漁業会社**に勤めるなどの方法がある。船を購入し、個人事業主の漁師になるには「小型船舶操縦士免許」「海上特殊無線技士免許」「漁業権」の取得が必要。

全国漁業就業者確保育成センター
https://ryoushi.jp

職人を養成する教育研修機関

名称	工芸・技術の種類	所在地	問い合わせ先	料金の目安	教育内容
石川県立輪島漆芸技術研修所	漆芸	石川県輪島市	0768-22-7000	不要 教材費が別途必要	漆芸の技術継承を目的として、特別研修を2年、その後木工、うるし塗りなどの普通研修を3年実施。年齢不問。
井波彫刻工芸高等職業訓練校	井波彫刻	富山県南砺市	職業訓練法人 井波彫刻工芸協会 0763-82-0196	不要	訓練校で木彫刻の基礎を学び、親方（事業主）の元（職場）で指導を受けながら応用実技を修得。15歳以上25歳まで。5年間で終了。
やきものたまご創生塾	萬古焼	三重県四日市市	萬古焼陶磁器工業協同組合 059-331-7146	準備研修2万円、本研修16万円	選考試験あり。ロクロ成形実習を中心に、陶芸の基礎知識やデザインについて1年間で学ぶ。年齢不問。
鍛冶屋創生塾 →page142	土佐打刃物	高知県香美市	高知県土佐刃物連合協同組合 0887-53-9530	年間70万円（後継者育成制度により、月額15万円支給）	選考試験あり。原則40歳未満。2年間で刃物の基礎知識や、鍛冶用道具の使い方や鍛造技術、研ぎの技術などを学ぶ。

働き方を変える7

ワイン造りを夢見た夫婦が島で始めた小さなお宿

東京都↓
新潟県佐渡市

埼玉県と大阪府出身の下川さん夫妻が
移住先に選んだのは、まったく地縁のない佐渡島。
ただただワインを造りたいという思いで
つき進んだ6年間だった。

下川《しもかわ》淳《じゅん》也《や》さん・千《ち》里《さと》さん

淳也さんは大阪府出身。カフェで働いたのちワイン造りを目指して佐渡へ移住。千里さんは埼玉県出身。マーケティングの会社から佐渡市の地域おこし協力隊へ。退任後、「アンダンテ葡萄農家の宿」運営。

写真：間澤智大

「自分のワインを造る」という目的を叶えるため、まず畑でブドウ栽培をスタートさせた下川夫妻

ワイン造りを目指して移住先を探す日々

「アンダンテ葡萄農家の宿」は、佐渡市真野地区の緑の中にひっそりと佇む1日1組限定の宿。別荘のような心地よさが味わえると人気の宿を運営しているのが、2015年に移住してきた下川淳也さん、千里さん夫妻だ。

二人が出会ったのは東京の千駄ヶ谷。淳也さんが働くカフェに千里さんがお客として通っていた。そのころ、千里さんはマーケティングの会社に就職していたが、土日もなく働く日々に疲れ、将来が見えなくなっていた。そんなとき、「自分のワインを造るのが夢」と語る淳也さんに「地方に移住してブドウを栽培しワインを造るなんて、楽しそう」と共感でき、いつしか二人共通の夢になっていった。

「だから、週末のデートといえば、移住

ブドウの苗を植え、実がなるのは4～5年後。佐渡ではどんな品種が育つのか、あれこれ試行錯誤の日々

先を探す旅行が定番でした。山梨、長野など、ブドウが育ちやすい地域に行き、住める場所はあるのか、どんなブドウを作っているのかなど、地元の人に話を聞いて回りました」と当時を振り返る千里さん。しかし、なぜか淳也さんはなかなか首を縦に振らず、移住先を決めなかった。

「すでにワイナリーがある場所は、魅力的に映らなかったんです。一から始めるので、どうせなら誰もやっていない場所でワインを造りたいと思ったんです」と淳也さん。

そんなある日、目に留まったのが雑誌『ブルータス』のワイン特集。佐渡に移住したフランス人醸造家ジャン＝マルク・ブリニョ氏の記事が掲載されていた。ジャン＝マルク氏といえばナチュラルワインの醸造家として世界的に知られる人。「彼に会ってみよう」とさっそく2泊3日の佐渡旅行を決行。氏の経営する「ラ　バルク　ドゥ　ディオニソス」というレストランでワインを酌み交わしながら、話を聞くことができた。

「これからワインを造るのは、正直、かなり前途多難だとは思いましたが、やるとしたら佐渡がいい、とそのとき、心が定まりました。佐渡では果樹栽培が盛んで、生食用ブドウは育っていました。醸造用ブドウは栽培されていないけど、きっと育たないことはないだろうと踏んだんです。ワイン醸造をする人が少ないというのもよかったですね」。

佐渡移住の背中を押したのは地域おこし協力隊

佐渡に心惹かれていく淳也さんを見て、千里さんも一気に佐渡移住へと舵を切る。まず、一緒に移住するなら、自分も何か仕事を探そうと、地域おこし協力隊に応募した。ダメもとの軽い気持ちだったが、見事に書類審査を通過。

「そのあとの面接も受かり、あれよ

畑ですくすく育つブドウの木。無事に実ったブドウたちは、まだワインには届かないが、大事に収穫

あれよという間に移住が決まってしまいました。それが2015年2月のことで、私が先に佐渡に行く形になり、3月には協力隊で働き始めていました」。

住宅は佐渡市から提供され、3年間、任期を全うするべく、忙しく走り回る日々が始まった千里さん。一方、淳也さんも勤めていたカフェに急いで辞表を出し、千里さんに遅れること1か月、同年3月末に無事、佐渡に上陸した。とはいえ、仕事はなく、最初の1年はジャン＝マルク氏の畑の手

離れにある1棟貸切のゲスト専用スペースは1日1組限定。まさに別荘感覚で過ごせる

食事を提供するのは宿主のダイニング。お客様をお招きするスタイルで心を込めておもてなしをしてくれる（現在はコロナ感染予防対策のため客室にて提供）

料理好きの千里さん、ソムリエやバリスタの経験のある淳也さんが力を合わせ、趣向を凝らした料理を提供。ベッドルームにはセミダブルサイズの布団２つとシングルサイズの布団１つを用意。また、誰でも自由に読める本も用意され、ゆったり過ごすことができる

伝いをしながら農業のイロハを学んだ。

「教えていただく身ですから、当然お給料はゼロです。その後、佐渡市の新規就農者向けの支援を受けることができて、年１５０万円を2年間受け取り、3軒の果樹農家さんに面倒をみてもらい、農業経験を積みました。経済的には苦しかったけど、妻が地域おこし協力隊だったので、なんとか切り抜けられました。本当に助かりました」。

トントン拍子で移住が決まり、その間に結婚もして順調な二人だったが、ひとつ問題だったのは、車の免許を持っていなかったこと。佐渡の移動は、基本は車。特に千里さんは協力隊の仕事がら、普通免許がないと仕事はできないといわれ、慌てて合宿免許所で免許を取得。淳也さんは、佐渡に来てから道を覚えがてら、教習所に通った。

「そういう面では本当、私たち、なし崩し的でしたね。とにかく、なるようになる、という感じで、その場その場で対処し、勢いでここまで来ちゃいました」と千里さんはおおらかに笑った。

ワイン造りと宿運営は実はセットだった！

二人の佐渡暮らしは始まったが、もちろん、夢は「ブドウを作り、ワインを醸造する」こと。ただ、この夢を具現化するのは、実は結構大変で、ブドウ畑を借りて栽培を始めると同時に、酒類製造免許を取得するため年間6000リットル、750ml瓶で8000本のワインを造る体制を整えなければいけない。時間も労力もお金もかかることこのうえない。

ところが、実は佐渡には「佐渡トキめきアルコール特区」という制度があり、農家民宿や農家レストランなどを営む農業者が自分たちで消費するワインを造る分に限り、前記の量に届かない少量製造が認められていた。この制度を知ったとき、二人の前に「自家製ワインをふるまう宿」という目標が見えた。

その後、淳也さんは島内に60アールのブドウ畑を借り、ピノノワール、シュナンブラン、ピノグリ、甲州、マスカットベリーなど、さまざまな醸造用ブドウの苗木を植え、ブドウ栽培をスタートさせた。

「正直、どのブドウが育つのか、わからないので、いろいろ試しているところです。今、4年目を迎えました。将来的には宿の敷地内に醸造所も造り、このブドウで醸したワインをみなさんに提供したいですね」と目を輝かせる淳也さん。

一方、自宅であり宿にもなる物件探しも、同時進行で行われた。

「ブドウ畑に近く、家のそばで自家菜園ができること。家は日本家屋がいいな。いろいろ条件を出して探した結果、出合ったのが今の家です。母屋があって、広々とした離れもあって、まるで宿をやってくださいといっているような物件で、すぐにここだと思いました」。

家の購入金額は、土地、建物、畑がついて300万円。都会では考えられない、一桁違うお手頃価格だ。修繕には別途約600万円がかかったが、佐渡市は国が定めた"特定有人国境離島地域"であるため、市内で創業する場合、補助対象経費の4分の3が補助される。この制度が利用でき、自己負担額は4分の1の150万円で済んだ。

さらに、汲み取り式トイレを水洗に変更するため、浄化槽を付ける必要があった。下川家では宿をやるので容量の大きい浄化槽を設置し、100万円程度かかったが、こちらも補助が出て、自己負担は約60万円で済んだ。

早くみなさんに
私たちのワインを届けたい！

古民家に自分たちで少しずつ手を入れた宿に、正式に営業許可がおりたのは2020年の2月のこと。コロナ禍でもあり、不安な船出ではあった。しかし隠れ家のような居心地のいい宿は評判となり、予想以上に反応はよかった。予約が入ればうれしくて、つい、どんどん応じていたら、あっという間に休む暇もない状態になっていた。

「ありがたい反面、料理も掃除もすべて夫婦二人で回していたので、すぐに手一杯になってしまい、肝心の畑仕事がおろそかになり、そこは失敗だったと思います。今はきちんと〝畑の日〟を設けて、予約も少なくしています。売り上げに関しては、1か月の生活費と宿にかかる経費を計算し、何日営業すればプラスになるかを見極めてやっています。今のところ、最低限生きていくのに必要な額はカバーできている、という状態です。でも、それで十分楽しくやっているし、生活に困ることはありません。今後の夢は、まずは、ここに来てくれたお客様に私たちのワインを飲んでいただくこと。もちろん、それで終わりでもなくて、その先はまた、別の夢が始まってと、どんどん、いろいろなことをしながら楽しく生きていけたらいいなと思っています」。

希望通りの場所を見つけ、一歩ずつ自分たちの夢を叶えていくお二人。肩ひじ張らず、のんびりと、まさに「アンダンテ（歩くような速さ）」で進んでいくことこそ、移住成功の秘訣なのかもしれない。

看板ネコ、ミントとアニスはおっとり系でゲストを癒してくれる

下川さんの移住 DATABASE

Before After

	移住前		移住後
居住地	東京都	→	新潟県佐渡市
家族構成	結婚前のため 1人＋1人	→	2人（夫、妻）
住まい	賃貸アパート （2DK）	→	市から提供されたアパート（無料） ⇒　古民家　8LDKに離れ付 300万円で購入。 別途、リフォーム代約600万円、 浄化槽設置約100万円
仕事	淳也さん： 飲食店勤務、 千里さん：OL	→	淳也さん：農業、 千里さん：地域おこし協力隊 ⇒　ワイン造りと宿の運営
趣味	ワイン、 ヨガなど	→	かつての趣味はすべて仕事になり、 今はなし

Question

移住のきっかけ	地方でワインを造りたいと思った
移住先を決めたポイント	佐渡にワイナリーがなかったため
交通事情	島内は基本、車が必須
公共サービスの充実度	古民家では下水が完備しておらず、浄化槽を付けた
収入や支出の変化	収入は3分の1に減ったが、1 ～ 3年日は家賃ゼロ、 食費も安かったので乗り切れた
支援制度の利用	新規就農者向けの支援を年間150万円、2年間受給。 リフォーム代約600万円への補助が約450万円、 浄化槽約100万円への補助が約40万円
ご近所付き合い	ほどよい距離感。集落行事には参加するが、 過干渉ではない
移住してよかったこと	毎日やることがたくさんあり、充実している。 夢に向かっていることがとにかく楽しい

働き方を変える8

大好きな沖縄で店を開き 環境も考え方も ゆとりが生まれた

神奈川県→
沖縄県那覇市

独立を目標に飲食で働いてきた玉置裕也さん。
店を構える場所にと選んだのは、沖縄だった。
移住先、開業先としても人気の高い
沖縄での店舗開業について伺った。

玉《たま》置《き》裕《ゆう》也《や》さん・真《ま》理《り》子《こ》さん

神奈川県横浜市の中華街にて飲食業に従事。2017年に沖縄へ移住後、裕也さんは那覇市内の飲食店で働いたのち、2020年8月に2人で営む、自然派食堂「タマテバコ」をオープン。

横浜から沖縄へ 移住・結婚と大きな変化

沖縄県那覇市のメイン通りである国際通りから1本路地に入ると、沖縄らしい個性的な通りが広がっている。そのひとつ、竜宮通りは個人経営の小さな飲み屋が両側にひしめき、昭和レトロな雰囲気を漂わせている。路地のなかでもかなりディープな雰囲気だ。そんな通りに一軒、白壁のおしゃれな外観がひときわ目をひくのが、2020年8月にオープンした『自然派食堂 タマテバコ』。横浜から移住してきた玉置夫婦で営む店だ。

「もともと沖縄が好きで、よく旅行で訪れていました。沖縄の民謡や料理、歴史と、訪れるたびに学ぶことが多く、どんどん好きになっていったんです。以前は横浜の中華街で飲食の仕事をやっていたのですが、沖縄で学んだことを自分なりにできる範囲で生

居心地の良い店内。保健所の営業許可を取りやすくするため、居抜きの物件を探した

かした料理も作っていました。そうしたなかで、当時29歳のときでしたが、人生で移住できるタイミングは今しかないかもしれないと思い、那覇に移住することを決めました」。

そう話す玉置裕也さんの出身地は青森県。飲食を学ぶために青森から横浜に移住していたので、実質2回目の移住ということもあり、沖縄への移住はさほど身構えることはなかったという。ただ、奥様の真理子さんとは沖縄移住をきっかけに入籍したので、一人から二人になった変化は大きかったと話す。

「移住先の住まいは、僕が先に那覇に移住し、マンスリーマンションを借りて家探しをしました。仕事に関しては、移住してすぐに飲食店を開いたわけではなく、横浜にいたときに紹介してもらった那覇市内の飲食店で約3年働いたのちに、自分たちの店を開きました」。

時間はかかったが理想の物件に巡り合う

国際通り周辺は、店の入れ替わりが非常に激しい。空きが出たと思ったらすぐに新しい店が入ってしまうため、条件に合った物件がなかなか見つかりづらい。玉置さんは、地元の不動産店に相談する以外にも、地域の人か

開業前から農家に足を運び、鮮度の高い野菜を仕入れている

台湾やマレーシアなどのアジア料理を100%プラントベースでご提供。使用する野菜はすべて県産無農薬

ら情報を聞いたり、付近を実際に歩いて回りながら空き物件がないか探したそうだ。

「結果、10坪ほどの物件を見つけることができましたが、このくらいの広さが一番人気でなかなか出てこなかったんです。たまたま空いたタイミングで不動産店に紹介してもらえました。探し始めてから見つけるまでは4か月ほどかかりました」。

2020年4月に物件が決まり、契約は同年7月から。それまでの4か月間は開業準備に取りかかる。とはいえ、世の中がちょうどコロナ禍で、自粛を強いられた期間だったため、チラシ作りやメニュー作りなど自宅でできることを地道に準備していった。

「7月からは物件に入り、急ピッチで準備を進めていきました。店内に置く一枚板のテーブルや、土染めのイスは職人さんに作っていただいたのですが、コロナ禍で大工さんも忙しかったようで、到着したのがオープン前日。ギリギリ間に合いました」。

車を少し走らせれば美しい海にたどり着く。移住前よりもアウトドアを楽しむようになった

車にキャンプ用品を積んで日帰りキャンプ。自然がすぐ近くにあるのも沖縄移住のいいところ

暮らしを楽しむことで経営にもよい影響が起こる

現在、店は週2日定休にし、休暇や仕込み、外出の時間にあてている。

「車で20分走ればきれいな海がありますし、旅行でしか味わえなかったことを常に感じることができます。離島にも気軽に行けるので、車をフェリーに積んで、離島キャンプも手軽にできるんです。移住前と比べて行動範囲も広がりました」。

関東にいたときは、仕事が中心の生活で気軽にどこかへ行くことは少なかったというが、移住後はゆとりができ、出かける時間や自分と向き合う時間も増えたという。

「移住前は、自分の環境も考え方も固定されてしまっていたけれど、今はそうした部分に余裕が出ました。時間

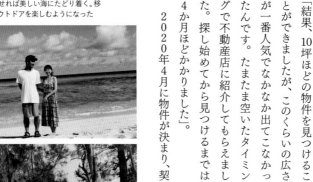

にも余裕ができたので、自分がどうしたいかとしっかり向き合うことができ、そのぶん、エネルギーも湧いてきます。それが売り上げにも反映される気がしています。こうした沖縄での生活スタイルの学びと、食の学びを今度は横浜に届けることができたら、と考えています」。

イスとテーブルは読谷村の職人に依頼。土染めは自分たちの手で行った

玉置さんの移住 DATABASE

Before After

	移住前		移住後
家族構成	1人	→	2人
住まい	賃貸アパート 1DK・約7万円／月	→	賃貸マンション 2LDK・約7万円／月
仕事	飲食店勤務	→	飲食店勤務後、飲食店経営

Question

交通事情	徒歩、自転車、モノレールで生活圏内は移動可能。遠出は車を利用
公共サービスの充実度	ガスはプロパンガス。店舗は都市ガス。水道は硬水なので飲み水は購入している
支援制度の利用	開業時はちょうどコロナ禍で、新規事業導入の支援も受け付けておらず、支援を受けることができなかった

働き方を変える 9

料理人・経営者として町と人が喜ぶ環境をつくる

東京都↓
栃木県高根沢町

きっかけは飲食店の求人にあった
“イタリア研修あり”のひと言。
人に恵まれ、料理人・経営者・父として
高根沢の町を盛り上げる。

照《てる》井《い》康《やす》嗣《し》さん

1977年、埼玉県熊谷市生まれ。イタリアのレストランで郷土料理やワインについて学ぶ。帰国後は東京都内でシェフを務め、2016年高根沢に移住し、レストランを開業。

イタリアのレストランで料理人として働く

埼玉県熊谷市出身で、当時大学生だった照井康嗣さんは昔から海外への憧れがあった。

「手に職をつければ海外でも生活できるんじゃないかと思って、たまたま見つけた飲食店の求人の『イタリア研修あり』なんて甘い言葉に誘われてアルバイトを始めました。実際にその研修はなかったんです（笑）」。

飲食店で、以前イタリアの日本大使館でメイドをしていた女性と知り合い、貯金をすることと語学を学ぶことをアドバイスされた。

5年後、女性の紹介でイタリア人が通うイタリアの国立ホテル学校に入学。料理などの基礎を学びながらも、本場の料理を学ぶべく、街なかのレストランでアルバイトにも励んだ。

ホテル学校を卒業後、アドリア海の

「イタリア食堂 ヴェッキオ・トラム」の店名は、イタリアで最初に修業したレストランの名前で"古い路面電車"を意味する

海岸沿いにあるレストランや、オーストリアとの国境近くのトレンティーノ・アルト・アディジェ州のレストランなど、いずれも星が付くレストランで郷土料理やワインについて学んだ。

イタリア料理とひと口にいってもワインも料理も地域によって異なる。「どの地域にも必ず、そこの土着品種のブドウで造ったワインがあります。料理でも、山奥だったらどっしりしたお肉がメインだったり、海が近ければ新鮮な海鮮を使った料理がある。そういったイタリア各地の郷土料理を学びたくて、5年で5か所のレストランで働きました」。

イタリアで料理人としての腕を磨き2008年に帰国後、東京・青山や六本木、練馬でシェフを務めた。料理のみならず、食材の原価生産や仕入れのコントロール、新規店舗の立ち上げなどさまざまなことに関わった。

子どもの成長のために生活環境を変える

高根沢へ移る転機となったのはお子さんだった。

「障がいのある子どもを授かりました。自分らしくいようと気持ちをポジティブに変えていくなかで自分のお店を持つこと、考えを形にすること

高根沢を盛り上げる仲間たち

への覚悟が決まりました。イタリアで過ごしたときのように、田舎町で働きながら家族とのんびり生活して商売しようと思いました」。

東京でシェフをしていたころから高根沢の野菜を使っていたこともあり、生産者とも面識がある。そして、奥さんの実家もあり子育ての協力も得られるということで、2015年10月に高根沢への移住を決めた。

翌年1月には移住。同年9月に「イタリア食堂　ヴェッキオ・トラム」をオープンするというハイスピードな展開。ここまでトントン拍子で話が進んだのも、人に恵まれたからだ。

高根沢町ではちょうど、町と商工会、連携金融機関が町内での起業・創業をバックアップする「創業支援等事業計画」が行われていた。そこで当時、連携金融機関から町役場に出向していた担当者と出会う。

「担当の方が、地元の農家さんや行政、金融機関、レストランをオープンするための業者などを紹介してくれました。おかげでさまざまなツテができ、お店がオープンするころには地元新聞などで紹介してもらえるようになったんです」。

その後、レストラン経営だけでなく、野菜の移動販売「ヴェッキオ K トラム」を展開。現在は地元の農家たちの野菜を使った加工品を販売するECサイトの立ち上げなどに力を注いでいる。

農業と飲食を中心に町を盛り上げる

農産物が豊かな高根沢町でも、後継者不足など問題はさまざまある。農家の人と関わるなかで農業をベースに町を活性化させるため、会社を設立し飲食や小売、農業部門をつくって町に人を呼んで、雇用を生み出したいと考えるようになった。

こうした考えは障がいのある人にも雇用という形で居場所をつくりたいという思いにも関係している。野菜を作りたい人には農業を、パンを作りたい人にはベーカリーをといったように、障がいのあるなしに関わらずどんな人にも活躍できる場をつくることがこれからの夢でもある。

「実際に東京の飲食店で働いていた子

好評の農産物移動販売「ヴェッキオ K トラム」

左：高根沢の田園風景は、イタリアの片田舎の雰囲気に似ている
下：イチゴの産地栃木。おいしくて新鮮な農作物がいつでも手に入る

が環境を変えたいということで、この春から高根沢に移住して、僕のところで働き始めるんです」。

　移動販売の担当者もレストランのピザ職人も町外から移住してきた。照井さんの周りには着々と人が集まり、町を盛り上げるコミュニティーが生まれているのだ。

照井さんの移住 DATABASE

Before After

	移住前		移住後
家族構成	4人（自分、妻、娘、息子）	→	4人（自分、妻、娘、息子）
住まい	賃貸マンション2LDK 17万円／月	→	妻実家　4万円／月 (今後空き家購入予定）
仕事	飲食業　料理長兼取締役	→	飲食店開業 →会社設立(開業費300万円）

Question

交通事情	バスはほとんど通っていないため、車が必須
公共サービスの充実度	ガス、水道は問題ない。病院もある。学校は生徒数は少ないが、子どものペースに合わせて学習できる環境ができている
支援制度の利用	高根沢町内での起業・創業をバックアップする「創業支援等事業計画」を活用

働き方を変える10

人との出会いに導かれ
古民家でカフェをオープン

東京都↓
三重県多気町

コーヒーをおいしく飲める場所を探して
移住した金川幸雄さん。
「運命を感じる場所」と語る多気町で
開業するまでの出会いとは。

金川《かねかわ》幸雄《ゆきお》さん

コーヒー焙煎士。祖父の代から続く金川珈琲の三代目。パートナーと2人で三重県に移住し、2020年に古民家でカフェをオープン。WEBショップでコーヒー豆の販売もしている。
https://kanecafe.com/

多気町はかつて紀州藩の本城と田丸城を結ぶ和歌山別街道の宿場町として栄えた場所。その街道沿いに金川珈琲をオープン

本当にコーヒーがおいしく飲める場所を作りたい

どっしりした梁が見える吹き抜けの空間。築136年の古民家で毎朝、挽きたてのコーヒーを淹れる金川さんは、東京都大田区で祖父の代から続くコーヒー焙煎の専門店の三代目だ。

金川珈琲は創業70年の老舗。1951年に金川さんの祖父、金川英一さんが喫茶「キンレイ」を開店。父親の正道さんは、ブラジルに留学し日本人初のブラジル珈琲鑑定人となった。父の代から跡取りとしてすべての焙煎を担当していた金川さんは、父の引退の話が出たころから、自分の代で移住を実現しようと考え始めた。

「コーヒーは、焙煎も、挽くことも、ドリップも、本当にゆっくりと時間をかけたいものです。そしてゆっくりと落ち着いて飲むものだと思っています。それができる場所で店をやりたかった。東京では叶わないものだと思って『コーヒーを本当においしく飲める場所って、どこだろう』と考えて全国を調べ始めました」。

始めはインターネットや雑誌などで、移住先を探し始めた。そして、東京・有楽町で全国の移住相談を行っている「ふるさと回帰支援センター」を知り、相談をしに行った。ふるさと回帰支援センターの三重県の担当者が親身に相談に乗ってくれたこともあり、ほかにも候補地を考えるなかで、移住先を三重県と決めるのは早かったが、実は、金川さんは調べるまで三重県のことをあまり知らなかったという。調べて初めて、松阪牛や伊勢エビが三重県の名産であることや、伊勢神宮や熊野古道があること、鈴鹿サーキットの開催地であることやお茶処やお米がおいしいことを知っていった。そして、調べていくうちに三重県の人たちの人柄に魅かれていった。

「たとえば、名古屋名物の天むすも、本当は三重県発祥なんです。でも『あれはうちのもんや』というアピールを一切しないんです。それが謙虚で奥ゆかしく感じました。県民性に人としての魅力を感じて、三重県に決めたというのが強いです」。

移住の話をしたとき、パートナーの美穂さんはすんなりと受け入れ、三重県のことを自分なりに調べ始めてくれたという。両親には自分の思いを、時間をかけてていねいに説明した。両親が納得してくれてから、長い付き合いのお得意様たちに話をしたところ、「コーヒー豆の味が変わらないなら、今の時代は宅配でも届けられるよ」と背中を押してくれるお客様が多かった。

古民家でコーヒーをゆっくり楽しめる店を開こう——移住先を調べ始めてから約4年後の2019年2月、70年近く続いた東京の店を閉め、二人で三重県に移住した。二人とも三重県に行ったことがなく、知り合いもいないなかでのスタートだった。

人から人へ導かれるように宝物のような古民家と出合う

金川さんたちが移住して初めに住んだのは、松阪市の飯高町。当時、猫を飼っていたため移住者用住宅を借りられなかったが、役場の担当者が空き家の持ち主を教えてくれた。大家さんは、「これからお店をやるんだったらお金なんか使わないほうがいい」と光熱費だけで貸してくれた。

この飯高町の家を拠点にして、松阪市、多気町、大台町、伊勢市、菰野町、名張市、度会町などを車で回りながら、古民家を探し始めた。古民家を選ぶポイントは知り合った工務店の人たちから教わった。

オリジナルブレンドやアイスコーヒー専用のブレンド、コロンビア、キリマンジャロなど、さまざまな豆がそろう

お店に足を踏み入れると、がっしりとしたケヤキの梁が張り巡らされた温かみのある空間が迎えてくれる

「床下や屋根裏を見ることや、家の裏手が石垣になっていると、がけ崩れの危険があるかもしれないとか、いろいろ細かいことを聞いて気を付けて見るようになりました」。

地元のお菓子職人さんが金川珈琲を使って作ったお菓子

4か月以上かけて100軒近くの古民家を見て回っているときに、多気町役場の担当者からある家を紹介される。そこは建物だけでも150坪ほどもある築130年を超える元呉服店。8年ほど空き家になっていたが、地域の文化財的な存在でそもそも売り物件ではなかった。

「役場の担当者の方が親切で熱心で、その古民家は売りに出ていないこともご存じだったんですけれど、参考になるから見に行きませんかと誘われて、オーナーの川口ご夫妻を紹介してもらいました。家を見せていただくとき、『すみません、図々しくて』とご挨拶したら、川口さんたちが『見てって』と屋根裏まで見せてくれました。それから仲良くさせていただいて、連絡先を交換させてもらいました。川口さんたちが多気町に来るときは一緒にごはんを食べたり、息子と娘のようにかわいがっていただきました」。

「次の世代にも引き継ごう」古民家を譲り受ける

川口さんご夫婦も家を託したい気持ちがあったのだろう。金川さんたちに古民家の鍵を渡し、寝泊まりに使うように言ってくれた。しかし、金川さんたちはこんなに立派な家を使うことはできないとずっと遠慮をしていたという。

「それが、あるとき川口さんから電話があって、『金川さん、うちは箸にも棒にもかかりませんか？』って言われて。『うちにしませんか？』と」。

川口さんは、お店を開く金川さんたちのために店の前の駐車場を借りる手配までしてくれていた。

「もともとはこの家の3分の1〜2分の1くらいの広さで予定していましたし、購入費用として予定していた金額も超えていたんです。それに長い歴史がある家ですから、僕らにはもったいない物件だと断り続けていたんですけれど、これはもう、覚悟を決めて譲り受けなきゃだめだなと思って、真剣に考えさせてくださいと伝えました。僕らも担保のない状態で、どれだけお金が借りられるだろうって銀行や信用保証協会に相談して。この家に決めようと二人で話をしたときに、連れ合いも『私もがんばるから』と言ってくれました」。

　買い取った今も、金川さんたちは自分たちのものだとは思っていないという。それは、これだけの歴史のある家は自分たちの代だけで終わらせてはいけない、次世代につなげるための大切な「お預かりもの」だと考えているからだ。

　2019年の秋に着工した家の改修は、古民家を専門に手がける山路工務店の小林さんに依頼した。ここを紹介してくれたのは、やはり役場の担当者だった。

「工務店さんからすると、どこもいじりたくないくらいの立派な古民家なんですけれど、1階の玄関と隣の6畳間の天井、それから2階の天井を抜いて、吹き抜けにして梁を見せたり、1階と2階の畳の間をフローリングに変えて客室にしたり、こちらの希望をいろいろ話し合って、そのたびに川口さんに報告していました。川口さんは『あんたの好きにしてええから』と言ってくれて」。

　店とつながった居住スペースは、土間をフローリングにしたり風呂を改装してもらったほかは、自分たちで作業した。朽ちたかまどを解体して倉庫スペースにしたり、天井つりやペンキ塗りまでこなした。

　ところが、着工から1か月ほどたったところで、川口さんが亡くなってし

植物学者の牧野富太郎氏が金川珈琲に贈った色紙。氏は金川さんの祖父の代、金川珈琲によく通っていたという

好みのブレンドを選んだら、挽きたてのコーヒーを待つ。古民家のなかで時間がゆっくり過ぎてゆく

まう。店の完成を川口さんに見てもらうことを楽しみに工事を進めていた金川さんたちは、すっかり気落ちしてしまった。

「そんなとき、夜遅くまで作業していたら、誰もいないのに視線を感じたんです。怖い感じではなくて、すごく温かい感じがしました。これは川口さんが近くて見ているなと思って、落ち込んでいる場合じゃないなと気持ちを入れ替えられました」。

6か月以上の改修期間を経て、2020年4月下旬、新生・金川珈琲が誕生した。

金川珈琲オリジナルブレンドの名は「あなたの友達」

コーヒー豆の焙煎は、豆の状態や気温、湿度などで変わる繊細なもの。金川さんは店のオープンに向けて、東京の店以上の味が出せるよう、焙煎のトレーニングをした。祖父の代から使い込んだ焙煎機に火を入れ、つききりで豆の状態をチェックする。20kgの容量がある機械だが、お客さんに新鮮なものを飲んでもらいたいので、7〜8kgの焙煎を何度も繰り返す。店に入ってくるお客さんたちは「いい香りやなあ」と声をあげる。

「お店に入ったらコーヒーの香りだけを楽しんでいただきたいので、食事は出さないと決めています。コーヒーに合うお菓子やケーキ類だけ。それも、地元の方が手作りしているものがほとんどです」。

金川珈琲のオリジナルブレンドはVosso《ボッソ》 Amigo《アミーゴ》 mix《ミックス》と名付けられている。Vosso Amigoとは、ポルトガル語で「あなたの友達」という意味の言葉だ。

「ありがたいことに東京の店のお得意様にも宅配でお届けして、お付き合いが続いています。コーヒーは親しみ

注文を受けてからカウンターで1杯ずつ淹れる。吹き抜けの2階の客席からもコーヒーを淹れるところを見られる

金川珈琲オリジナルブレンドのVosso Amigo mix。4種類の豆をブレンドし、バランスのとれた飲みやすい味だ

春、看板の上にツバメが巣を作りにきたそう

お店でいただくだけでなくコーヒーのテイクアウトもできる

やすい、皆さんの身近にあるものであってほしい。心落ち着く幸せになる飲み物だと思っていますので」。

お店をたたんで三重県へ移住し、新たに開店する。大きな決断に思えるが、金川さんはいたって自然体だ。

『思い切ったなあ』とよく言われるんですけれど、全然そう感じていないんです。ふるさと回帰支援センターのご担当者から始まって、出会う人がみんないい方ばかりで。移住を考えている人にアドバイスするなら、たくさんの人と素直な気持ちで話してほしいです。そうすれば困ったら手を貸してくれますし、わからないことは教えてくれます」。

お金よりも移住して何がしたいのかが大切

金川さんは今、三重県庁の依頼で移住のアドバイザーをしている。移住を希望する人によくお金のことを聞かれるが、家を光熱費だけで貸してくれたり、野菜をくれる人もいたりと周りの人に助けられた経験から、「移住して何をしたいのか」が大切だと金川さんは感じている。

お店を開ける前に近くの川でお弁当を食べたり休みの日には釣りを楽しんだり、多気町の暮らしを満喫している金川さん。コロナが収束したら、東京の両親や友達に店を見てもらうのが楽しみだと笑顔になった。

金川さんの移住 DATABASE

Before After

	移住前		移住後
居住地	東京都大田区	→	三重県多気町
家族構成	パートナーと2人暮らし	→	パートナーと2人暮らし
住まい	一戸建て	→	一戸建て
仕事	コーヒー焙煎士	→	コーヒー焙煎士、カフェ経営
趣味	釣り	→	釣りは変わらず楽しんでいるが、古民家の改修の際に住まいのスペースを自分たちで作った経験から、店の看板やウェイティングボードを置く台なども手作りするようになった

Question

移住のきっかけ	本当においしくコーヒーを飲める場所を作るため
移住先を決めたポイント	三重県の人たちの人柄に惚れ込んだ
交通事情	車があると便利
公共サービスの充実度	車で10分で買い物もできるし、不便は感じない
支援制度の利用	特になし
ご近所付き合い	「何キロ先の人を知っているの？」とびっくりするくらい、みんなが知り合い。初めて道で会う人とも挨拶を交わしたり、何かあれば助け合ったりと、人との触れ合いが心地いい
移住してよかったこと	出会う人たちに恵まれて、宝物のようなお店を作れた

働き方を変える 11

愛猫とのんびり、自由に
古民家カフェとハーブづくり

埼玉県↓
宮崎県高千穂町

昔から惹かれていた神話の里、高千穂町へ
一念発起で移住した長澤さん。持ち前の行動力を
武器に、都会とは大きく変わった生活を
愛猫とともに自分のペースで楽しんでいる。

長澤《ながさわ》世《よ》理《り》子《こ》さん

富山県生まれ。横浜、群馬、埼玉と関東で何度か住居を移した後、2013年に単身で高千穂へ移住。カフェ「ねこのしっぽ」の経営の傍ら、自身が立ち上げた「株式会社 高千穂ハーブス」での事業にも取り組んでいる。

宮司さんの言葉をきっかけに高千穂への移住を決意

日本神話ゆかりの地として知られる九州屈指の観光地、高千穂。その町の中心地、高千穂神社から徒歩3分ほどの路地裏で古民家カフェを営む長澤さんは、富山県氷見市の出身。同郷のご主人の転勤に合わせて富山から横浜、群馬、埼玉と関東で何度か居を移した後、2013年の春に単身で高千穂へと移住した。

「今から20年ほど前、添乗員の仕事をしていた頃に初めて高千穂を訪れました。その時に見た祠《ほこら》や神社が、細かいところまで必ずきれいに掃除されているのがすごく印象的で。神様の存在を大切にしている町の雰囲気や文化、人々の暮らしぶりに惹かれて、それ以降、何度も旅行で遊びに来るようになりました」。

移住を決める前から、〝定年後は高千穂のような自然豊かな地で暮らしたい〟と漠然とは考えていたものの、具体的な予定は全くなかったという長澤さん。しかし、2012年秋に伝統の夜神楽を見るため高千穂を訪れたことが、翌年の移住のきっかけとなった。

「荒立《あらたて》神社にお参りしたあと、神社の宮司さんとお話ししているときに、〝将来の移住を考えているなら、働けるうちにしたほうがいい〟と助言をいただきまして。なぜかその言葉が自分のなかですごく納得できて、背中を押してもらった気持ちになりました。じゃあ移住しちゃおうと」。

移住を決断してからはトントン拍子で事を進めた。派遣社員として働いていた仕事をやめたら、すぐ

その名の通り、お店のコンセプトは猫。店内にはポストカードや御朱印帳など、猫をモチーフにしたかわいい雑貨が並ぶ

に高千穂へと足を運んで住居探しを開始。地元の不動産屋の紹介で決めた築60年の古民家で、高千穂での田舎暮らしをスタートさせた。その間わずか4、5か月だ。

「私の場合は夫の仕事もあるので、経済面ですぐにどうにかしなくてはいけないことがなかったのが大きかったと思います。もともと、やろうと決めたことはひとりでもすぐ行動に移すタイプだったので、単身で高千穂へ移り住むときも特に躊躇することはなかったかな。今は夫も福岡県、同じ九州にいますが、埼玉県と宮崎県で2年ほど離れて暮らすことになったときも、私の性格ややりたいことを理解してくれていたので、特に反対されることはなかったです。こうして話してみると、移住するまではだいぶスムーズに物事が進められた例のように思えますね」。

ハーブとの出合いを機に仕事がどんどん楽しく

当初は猫をモチーフにしたグッズを販売する雑貨屋をのんびり営むつもりだったが、お客様から飲食を求める声が増え、じきにカフェとしての営業も開始。観光地という土地柄もあって、町外や県外から訪れる人も多く、そういったお客様との交流も楽し

店内で販売している自家農園のハーブとお米。どちらも農薬を一切使用せずに栽培している

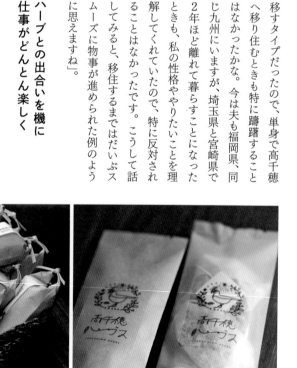

みのひとつになっている。

「個人事業主やカフェ経営など、お客様のなかには自分と似た境遇の人もいて。世間話や情報交換をしているうちに自然と仲良くなっていることも多いです。思いのほか、都会にいたころよりも交友関係は広がっていますね」。

　そう話す長澤さんのおだやかで生き生きとした姿を見ると、高千穂での充実した暮らしぶりが伝わってくる。しかし、移住してからの最初の2年間は迷いや怖さを抱えながらの日々が続いていたという。

「移住してカフェを始めるまでは良かったんですけど、その次の目標がなかなか見つからなくて。先のことを考えると不安になる気持ちが最初はありましたね。なんてことをしてしまったんだろう……と（笑）」。

　目標がないと、今やっていることも同じことの繰り返しでつまらない。そう感じ始めていた長澤さんだが、あるお客様との出会いをきっかけに転機を迎える。

「山でハーブを育てている人がカフェにいらしたんですよね。それで、いただいたハーブがすごくおいしくて。しばらくはその人から購入していたんですけど、そのうち自分でもハーブを育ててみようと思って。各地のハ

高千穂町のメインストリートの裏手に位置するカフェ。立地のほか、庭付きであることも物件選びの決め手になったという

木のやさしい風合いにホッと心和む店内。入り口に飾られた注連縄（しめなわ）は、高千穂が神宿る地であることを表している

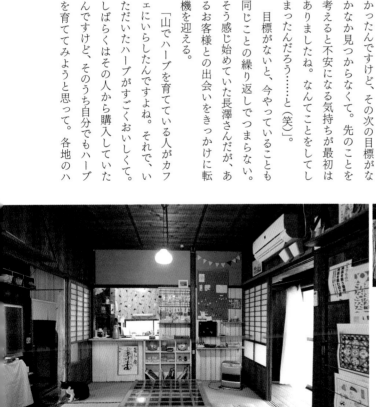

長澤さんにとってハーブの栽培は仕事である一方、無心で楽しめる趣味でもある

ーブ園を訪ねて勉強し、失敗を何度も重ねました。そうして試行錯誤の末にたどり着いたハーブがおいしいんですよ！　自分の農園から採れたてなので新鮮ですし」。

この底なしの行動力こそ、長澤さんの大きな武器。カフェで提供し始めた自家農園のハーブティーはお客さんからも好評で、その喜んでくれる声が、長澤さんのエネルギーに。そして2019年には「株式会社　高千穂ハーブス」を設立。高千穂の豊かな土壌で育ったハーブを用いた商品開発に取り組んでいる。

「これまでは、夫の転勤で住居が変わることもあってどうしても仕事に打ち込み切れない部分がありました。でも今は、仕事は生活の一部。自分の作るハーブティーや料理に誰かが反応して喜んでくれるのがうれしくて。〝次はあれをやってみよう〟とか、楽しみながら仕事できていますね」。

地元の人とのつながりが移住生活の大きな助けに

都会と田舎で大きく異なるのが、ご近所さんとの付き合い方。顔見知りが多い地方や田舎では、住民同士が積極的に干渉し合いながら暮らしている地域が多い。長澤さんも移住当初は、その慣れない距離感に戸惑い、悩み、一時期は隣の熊本県阿蘇市に住居を移してここまで通っていたこともあったという。

「周りはみんな知っている人だか

カフェでの姿とは一変、荒立神社の境内でエネルギッシュに薙刀をふるう長澤さん

荒立神社の興梠宮司（左）とご近所仲間の村上さん（中央）。神社前のテントでは、地元の人との交流も楽しみながら自家製ハーブなどを販売している

ら、気になるんでしょうね。私の場合も、車が停まっていないとどこに行っていたのか聞かれたり、テレビがないと言っただけで次の日には電気屋さんを手配されていたり（笑）。すごくお世話してくれて親切なのですが、最初は少し息苦しさを感じるときもありました」。

そうして紆余曲折しつつも、農作業を通じて地元の人々の見返りを求めないやさしさ、親切さに触れ、徐々に町の雰囲気に溶け込んでいった長澤さん。現在はハーブ農園のほか、お米の栽培・商品化も行っているが、高千穂に移るまで農業経験はゼロ。そんな長澤さんをサポートしてくれたのも、地元の人々だった。

「一生懸命、農作業をしていると、何も言わなくても地元の方たちが手を差し伸べてくれて。いろいろアドバイスをくれたり、農機を貸してくれたり。都会だと警戒心があって、話しかけることに遠慮してしまったりするじゃないですか。こっちではいい意味でそれがない。私ひとりだけの力では、農業は続けられなかったと思いますね」。

また、地元の人との交流を縁に新しく始めた趣味もあるという。高千穂に伝わる古武道のひとつ、薙刀《なぎなた》。現在

高千穂の伝統芸能、夜神楽。高千穂神社では毎晩、観光客向けに1時間程度の舞が披露されている

は、荒立神社で薙刀の扱いを習いながら、体を動かすことも楽しんでいるそうだ。

「高千穂で宿を営んでいる村上まきさんと仲良くなったのがきっかけです。彼女が薙刀の師範代で、荒立神社で場所を借りて教室を開いていたので、おもしろそうだし参加してみようと。今は神社前のテントで、私の会社のハーブ商品の販売にも協力してもらっています。彼女だけでなく、私にとって地元の人たちは本当に心強い、頼れる存在です」。

最後に、長澤さんのように都会から田舎へ、大きく環境を変える移住の際のアドバイスを聞いた。

「とにかく自然体でいることですかね。町の人々や雰囲気にはやく打ち解けようと無理にがんばったり、気を張りすぎると疲弊してしまいますよね。自分のペースで真摯に取り組んでいれば、きっと共感してくれる人が現れます。私もそうでしたから」。

“いつでも自然体であること”を心がけているという長澤さん。数年前に野良猫から飼い始めた愛猫しまじろうとともに、四季豊かな高千穂での暮らしを楽しんでいる

長澤さんの移住 DATABASE

Before After

	移住前		移住後
居住地	埼玉県	→	宮崎県高千穂町
家族構成	2人(自分、夫)	→	2人(自分、夫 ※転勤のある夫とは別居生活)
住まい	賃貸マンション 3LDK・15万円/月	→	古民家(賃貸)・3万円/月、 2018年に古民家購入350万円、 リフォーム200万円
仕事	派遣社員	→	カフェ店主・会社経営者
趣味	ゴルフ・旅行	→	仕事・古武道

Question

移住のきっかけ	以前から田舎への移住を考えていた。荒立神社の 宮司さんの後押しをもらい、"活力があるうちに"と決意
移住先を決めたポイント	何度も旅行で訪れるなど、昔から好きな町だったから
交通事情	車が必須
公共サービスの充実度	電気やガスなどのライフラインはあまり変わらない。 病院は少ないので、県外のかかりつけに行っている
収入や支出の変化	収入は減ったが、生活にあまりお金がかからないので 収入のほとんどを事業拡大に使っている
支援制度の利用	なし
ご近所付き合い	あり。農作業や商品販売など、 いろいろ手助けしてもらっている
移住してよかったこと	静かな環境で、四季を間近に感じられる。 仕事が楽しくなった

兵庫県→東京都→
兵庫県養父市

働き方を変える 12

Uターン移住で マイペースに古民家カフェを営む

土地付き150万円の古民家を改装し、
週末のみカフェを開く山下夫妻。
移住したことで仕事も生活も180度変化した
2人が目指すライフスタイルとは。

山下将幸《やましたまさゆき》さん・美妃《みき》さん

将幸さんは兵庫県朝来市、美妃さんは養父市出身。2019年に養父市大屋町にて「Cafe Fika」を開業。開業には宣伝も兼ねてクラウドファンディングを利用し、目標金額を達成。

毎朝淹れる一杯が幸せをもたらしてくれる

兵庫県養父市、若杉高原おおやスキー場にほど近い山間の地域でカフェを経営している山下将幸さん・美妃さん夫妻。将幸さんは9年、美樹さんは５年ほど東京で暮らしていたが、２０１８年に二人の地元に近い現在の場所に古民家を購入し、Uターン移住した。その後、およそ10か月かけて二人でコツコツと古民家をリフォーム。１階は壁をすべて打ち抜いて土間のある広いカフェにし、２階は居住スペースに改装した。

「カフェは基本土日のみ、ときどき祝日も営業しています。平日の朝は、愛犬ぽてちの鳴き声で起き、散歩に連れていきます。家に戻ったらハンドドリップでコーヒーを淹れて、今日は何しようかなとぼんやりと考える時間。コーヒーの香りで始まる朝のひとと

1階の壁をすべて打ち抜いた広い店内は、木のぬくもりを大切にした造り。入口の扉など、よいものはそのまま残している

きが、とても幸せなんです」と話す将幸さん。

東京に住んでいたときは共同経営でカフェを開き、ほぼ週6日間、朝から夜まで丸一日勤務。朝は自宅でコーヒーを淹れる余裕もなかったため、移住によってライフスタイルはがらりと変化したという。

「今は家賃もないので、月に6万5000円もあれば十分暮らしていけます。収入が少ないぶん、税金や健康保険の負担も軽いですし。最低限の働き方で僕らは十分。ですが世の中は……とくに田舎だと〝働かないことはよくない〟という考え方が今も根強いので、近所の人からは〝平日は何してるの？〟と聞かれたり、就職先を紹介されることもあります(笑)。僕は気にならないタイプですが、そうした近所の目が煩わしいと思う人は大変かもしれませんね」。

自宅の畑で採れた夏野菜を使ったピザ

日々の生活も子育ても私たちらしさが大切

店の開業にあたって、山下夫妻はクラウドファンディングにも挑戦した。目標は見事達成し、51万円の支援が集まった。

「おかげさまで達成はできましたが、手数料が7〜10万円かかることと、支援のリターンとして冷凍でカレーの配送をしたので、コストや送料がかかりました。所得税もかかるので、手元に残るのは10～20万円程度。なので開業費目的だとしたら銀行の融資がおすすめです。ですが、宣伝を兼ねたり、実際どの程度の人が応援してくれているかがわかる点はよかったなと思っています」。

子育てしやすい環境で自分たちらしく暮らす

もとの古い床材はすべて外し、土台から造り上げていった。シロアリ対策として防蟻剤をていねいに塗っていく

2021年には第1子が誕生し、山下家は一層にぎやかに。

「もともと地元に戻る予定ではいましたが、移住した一番のきっかけは、子育てしやすくて自然が身近にある環境を求めていたこと。私の実家が近いこともあり、母や姉に手伝ってもらいながら子育てに励んでいます。おそらく家族のサポートがなく、東京で子育てをしていたら精神的にも結構しんどかったんじゃないかな」と美妃さん。実家を頼ることで、ご両親も孫と過ごす時間ができて喜んでいるそう。気持ちにゆとりを持ちながら子育てを楽しめていると話す。

家の前には畑もあり、野菜作りにも挑戦している山下夫妻。とはいえ、害獣も多く十分な量の野菜を育てるまでには、慣れが必要だという。

「うちの畑だけにこだわらず、実家からも野菜をもらえているのと、犬の散

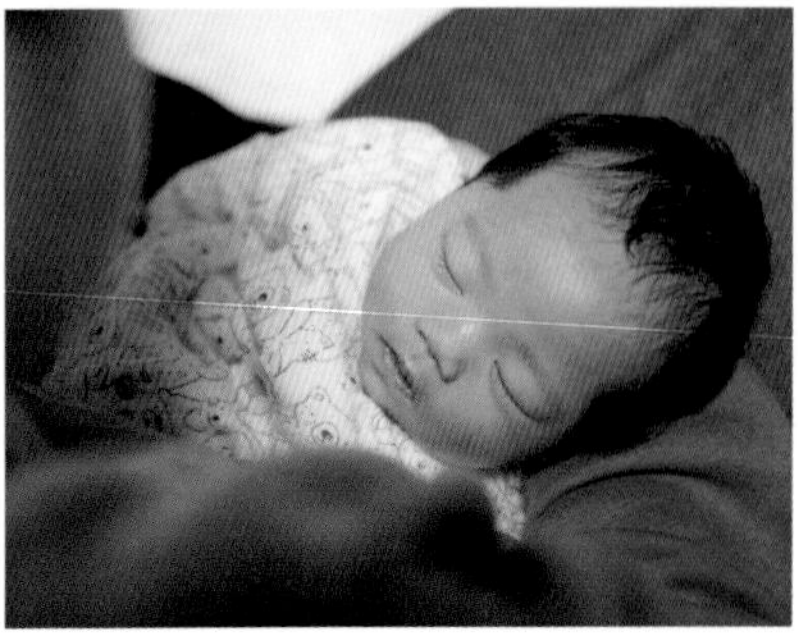

2021年の桃の季節に元気いっぱいの女の子が誕生。しばらくは店も育休を取り、山下夫妻のペースで子育てを楽しんでいる

広い畑が付いていたことも購入の決め手。少しずつ害獣対策をしながら畑を作っている

歩のときなどに近所の人から野菜を分けてもらうこともあるので、季節野菜は毎日食べられています。試食にと、立派なメロンをいただいたこともあるんですよ」。

二人がこれからやりたいことは、ひとつのものに依存している割合を減らしていくこと。たとえば食材をすべてスーパーで買うのではなく、4分の1程度は自分たちでまかなうようにしたいという。

「スーパーまで行けない非常事態のときも畑に行けば食べるものがあって、停電に備えてオール電化にはせず、電気やガスなどライフラインを分散させる。あと、うちは古民家ですが、〝アレクサ〟と言えば電気がつきます。現代のテクノロジーと昔ながらの方法を混ぜ合わせながら、僕たちらしい、ストレスのない生活をしていきたいです」。

山下さんの移住 DATABASE

Before After

	移住前		移住後
家族構成	2人	→	3人＋7匹（犬、ヒヨコや鶏）
住まい	賃貸マンション 2DK・約7万円／月	→	古民家（土地面積は約600㎡） 2L＋店舗　約150万円で購入 別途リフォーム代100万円以上
仕事	カフェ共同経営	→	カフェ個人経営

Question

交通事情	車が必要だが、バスやタクシーでもなんとか生活可能
公共サービスの充実度	ガスはプロパン。水道は上水道で、下水は浄化槽から川へ。スーパーや学校は車で15分圏内にある
支援制度の利用	市の古民家再生の支援補助金（150万円）

田舎暮らしの最強ステージ

古民家に暮らす

特に定義はないが、「古民家」とは、一般的に建築後50年以上経過した家を指す。周辺の自然環境とも調和した素朴な美しさに惹かれ、古民家に住むことが移住の目的、という人も多いようだ。

日本の伝統的な工法で建てられた古民家は、どっしりとした柱や梁の木材、土間、茅葺や瓦屋根、土壁、漆喰など、日本の風土に根付いた自然素材でできている。さらに、時が磨き上げた風格があり、その地域の魅力のひとつとなっている。

ただし、少子化や都市部への人口の流出に悩む地方では、空き家の増加が問題となっており、いわゆる古民家の空き家は全国で55万軒あるとも。そこで、このままではいずれ取り壊されてしまう古民家を再生して活用しようという動きも加速している。国や地方自治体では、移住・定住者支援として空き家バンクを開設したり、空き家対策モデル事業なども実施。NPO法人などもさまざまなプロジェクトを実施している。

もちろん古民家は、移住者にとっても魅力的な物件だ。賃貸にしても購入にしても料金が安く、購入に際しては固定資産税、不動産取得税も低額で済み、自治体によっては補助金が受けられる場合もある。木造なので夏は涼しく、日本ならではの趣のある暮らしが体験できる。

一方、気密性が低いので冷暖房費が高くつく、虫が多い、水回りが古いなどのデメリットも多い。実際に古民家に住む場合は、自らの手で、あるいは業者を利用して、ある程度のリフォームが必要なことは織り込んでおきたい。

古民家再生プロジェクトの成功例

古民家の宿 集落丸山

「古民家再生」の火付け役ともなったのが「集落丸山」。のどかな農村風景のなかに、築150年を超える古民家を現代によみがえらせた。2009年10月に開業した宿泊施設だが、宿泊施設といっても単体ではなく、集落まるごとが滞在施設になっている。兵庫県の篠山市街から車でわずか10分ほどの距離にありながら、かつては限界集落といわれ、5世帯を残しあとはすべて空き家になっていたという。その空き家2棟を宿泊施設に改修し、集落全体で懐しい「日本の暮らし」が体験できる。「古民家」は、大きなポテンシャルを秘めている。

NPO集落丸山
兵庫県丹波篠山市丸山30
079-506-0243　https://maruyama-v.jp/

＼ 古民家暮らしや古民家再生に関する情報は… ／

日本民家再生協会	東京都千代田区	民家の良さを広くPRし、一棟でも多く残すとともに、民家を活かした地域再生を目指す。民家再生の事例紹介、再生相談、民家バンク、古材ネットワーク、民家再生に取り組んでいる事業者の紹介など、さまざまな活動を行っている。	http://www.minka.or.jp
NIPPONIA	兵庫県丹波篠山市	「なつかしくて、あたらしい、日本の暮らしをつくる」を理念とし、古民家オーナーや行政、町づくり団体、古民家の保存や修復に興味のある多くの組織や専門家の連携により、「集落丸山」をはじめ、数多くの古民家再生プロジェクトを実践している。	https://team.nipponia.or.jp
チルチンびと「古民家」の会	東京都新宿区	古民家再生を手がける工務店と関連事業者（設計者、大工、職人）の組織。改修によって、新たによみがえった古民家の実例が多数紹介されている。	https://www.kominka.life
京町家再生研究会	京都府京都市	京都の町から消えつつある伝統建築「京町家」の保存と、改修をについて、さまざまな研究や活動を行っている。	http://saisei.kyomachiya.net
NPO法人尾道空き家再生プロジェクト	広島県尾道市	移住者と協働しながら尾道の空き家をリノベーションする取り組みを行っている。4年間で70軒近くが新規入居した。	http://www.onomichisaisei.com
NPO法人島の風	沖縄県伊是名島	沖縄民家を再生し、伊是名島の風景を守るとともに、その民家は島暮らし体験の宿泊滞在施設としても活用しようという試みを行っている。	https://www.shimanokaze2.com

人生100年時代！　シニア世代の移住

移住で憧れの暮らしを実現する

田舎に引越して悠々自適……。つい「リタイア」という言葉を連想してしまいがちなシニア層の移住。とはいえ、60代、70代はまだまだ元気だ。移住はリタイアではなく、人生のセカンドステージの始まりかもしれない。

会社に勤めて定年を迎えるのは60歳前後。人生100年時代の今、そこから先の人生は驚くほど長い。たとえば、68歳で東京から石川県七尾市に移住した大和賢さんの場合…。

単身移住ながら夫婦仲は良好「ハッピー別居」です！

麻布生まれで渋谷育ち。東京で生まれ東京で育った大和さん。不動産会社勤務などいくつかの仕事を経て、定年を待たずして退職。田舎暮らしは長年の夢だったと言う。

「囲炉裏に火を起こして鍋を掛けて、熱燗を一杯やってみたいなあと」。

その夢を叶えるために「能登移住セミナー」に参加。そして、縁あって七尾市を訪ねてみることにした。

「東京から北陸新幹線で金沢へ。七尾はどこだろう、えっ、金沢から七尾線で1時間半もかかるのか。田舎だなあ。これにはびっくりしました」。

初めて乗った七尾線で、1時間半のローカル線の旅を楽しんで七尾駅に到着。駅前の地図を頼りに徒歩で市役所を訪ねた。受付で「こんにちは。移住したいのですが…」。

市役所の担当者が親身になってくれ、ここから移住が現実化していく。

まずは家探し。貸家を案内してもらったが、なかなか気に入る物件は見つからない。また、適当な空き家はあっても、ご先祖様を祀っているので貸せない、ということも。

とはいえ、ついに出会いが。神社入口そばに建つ、築100年を超す堂々たる古民家だ。うっそうとした生垣に囲まれ、家の裏には倉と屋根付きの車庫もある。玄関は広い土間で天井が高く、ゴルフの素振りもできるほど。部屋数は8。15畳の座敷には、憧れの囲炉裏がある！

「設備面では厳しいところもあったのですが、まずは住んでみようと、決めました」。

　そして、いよいよ移住生活がスタートする。

「東京からこっちに移り住むときに、女房に一緒に行こうや、と言ったんですが、『勝手にいけば？』って言われてしまいました」。

　とはいえ、夫婦仲が悪いわけではなく、ときどき行き来はしているという。妻の優子さんは「虫が嫌い」「古い家はイヤ」などの理由で東京暮らしを継続。つまり大和さんは単身移住、一人暮らしだ。

「誰もほめてくれないけど、男の一人暮らしって大変なんですから。食事、洗濯、掃除とかね。妻のありがたみを実感しますよ。でも、女房は東京で好きなことをやってるし、僕はこっちで好きなようにやってる。お互い好きな生き方ができているのだからハッピー別居ですよ（笑）」。

地元に溶け込んで やりたいことをやる

　大和さんは、現在ホームセンターにフルタイムで勤務している。

「友人の多くは隠居していますが、僕は元気なうちは社会のため、日本のために働くべきだと考えています。かっこよく聞こえるけど、働かないと生活できないんです」。

　それ以外の時間は、近所の田んぼの稲刈りの手伝いをしたり、祭りに参加したりと、すっかり地元の暮らしに溶け込んでいるようだ。また、そば好きが高じて、「江戸東京そばの会」で修業した経験もある大和さん。地元のコミュニティーセンターで、手打ちそば教室も開催している。

　そして、夢をひとつ実現させた。67歳にして小型船舶免許を取得し、小さな船を手に入れたのだ。長さ3・5m、3人乗り。

「これからペンキを塗ったり、道具をそろえたりするんで海に出られるのはまだ先ですが、沖に出て船の上でゴロリと日光浴をしたら気持ちいいでしょうね。今から楽しみです」。

大和 賢さん　72歳
石川県七尾市在住

CHAPTER 4

Database of SHIENSEIDO

支援制度のDATABASE

少子高齢化が進むニッポン。だから地方は、若い世代の移住者は大歓迎！驚くほど手厚くユニークな支援制度が用意されている。

空き家バンク
お試し移住
起業支援
出産祝い金
サテライトオフィス
名産品プレゼント
家賃補助
就職奨励金

地方自治体やNPOなどの

支援制度をフル活用しよう

国や自治体の移住支援制度はさまざまな種類があり、移住者にとって心強い味方になってくれる。どんな支援制度があるかチェックしておこう。

国の移住支援として「移住支援金」がある。「移住支援金」は、移住直前の10年間で通算5年以上、東京圏＊に住み東京23区で働いていた人が対象。移住して就業したり、新たに雇用を生み出すなど地方の活性化に役立つ社会的起業をすると受けられる。移住前の仕事を継続するテレワークの場合も対象だ。支給金額は最大100万円。

地方で起業をする場合、「起業支援金」も活用できる。「起業支援金」は、東京圏外の自治体で社会的起業をする人が対象で、金額は最大200万円。「移住支援金」と併用できる。

ただし、これらの支援金は国と都道府県・市町村が共同で分担しているので、実施しているかどうかは自治体に確認が必要だ。

また、自治体独自の支援制度も見逃せない。「住まい」「仕事」「子育て」「体験移住」などのさまざまな支援や、ユニークな制度があるので、自分にぴったりの支援を探してみよう。

＊東京圏とは、東京都、埼玉県、千葉県、神奈川県（ただし、一部の条件不利地域を除く）。

東京圏からの移住が対象！

移住支援金

最大100万円

2人以上の世帯：100万円
単身世帯：60万円

地方で社会的起業が対象！

起業支援金

最大200万円

起業にかかる経費の1/2
最大200万円

併用すれば 最大300万円

内閣官房・内閣府総合サイト「地方創生」
https://www.chisou.go.jp/sousei/

これがなくては始まらない
住まい 編

移住を決めたら、いよいよ住まい探し。地域によって、一軒家は多いが賃貸住宅が少ないなど、住まいの環境はさまざまなので、まずは自治体の窓口で住宅事情を確認しよう

自治体の支援は、主に空き家物件の紹介やリフォーム費用の助成、賃貸物件の家賃補助、一軒家の新築や購入費用の助成などが挙げられる。地域の空き家を自治体が改修し 即入居できる物件として移住者に貸し出すところもある。

移住者の年齢や家族構成によっては、基本の補助金に金額を上乗せする自治体も多いので、自分にあてはまるかどうかを詳しく聞いてみよう。

主な支援制度をCHECK!

毎月の負担を軽減する
☑ 家賃補助
毎月の家賃補助を一定期間受けられる。
金額や期間は自治体によって異なる。
ex. **最長5年間、最大180万円の家賃支援**
北海道三笠市 → page. 200

掘り出し物件との出合いも！
☑ 空き家バンク
地元の空き家情報を自治体が
ホームページ上で公開している。
ex. **若者専用の空き家バンクで物件を優先紹介**
東京都奥多摩町 → page. 206

マイホームを建てるなら
☑ 住まいの購入補助金
定住することを目的に、
住まいの新築や購入をする場合に補助金を受けられる。
ex. **UIターン者の住まいの取得に最大400万円**
岩手県葛巻町 → page. 201

一定期間宅地を借りると
☑ 無償譲渡
移住者に一定期間、宅地を貸し付け。期間内にそこに住まいを建てると宅地を無償譲渡する。
ex. **なんと宅地を無償譲渡 さらに助成金100万円も**
茨城県常陸太田市 → page. 204

自分らしく働こう

仕事 編

移住先でどんな仕事をするかは重要なポイント。移住先で就職するだけでなく、起業や就農など新しくチャレンジをする人も多い。

地域の求人情報を探すなら、ハローワークや自治体の窓口で相談してみよう。自治体の仕事支援は幅広く、就職奨励金をはじめ、農林水産業に就きたい人への研修や資金助成のほか、起業を目指す人には、無料相談や事業経費の補助をしている。また、伝統産業がさかんな地域では、職人になりたい人への支援も。

テレワークやフリーランスの人は、自治体が提供するサテライトオフィスやコワーキングスペースの活用がおすすめだ。

主な支援制度をCHECK!

地元企業への就職を応援

☑ 就職奨励金

地元企業に就職する移住者に奨励金を支給。

ex. **市内の企業に就職する人に最大30万円の奨励金**

徳島県三好市 → page. 218

初心者でも独立できる

☑ 農林水産業の就業支援

農家や漁師、林業を志す人を研修プログラムでサポート。
自治体によっては独立後にかかる経費を補助している。

ex. **筑後川流れる豊かな大地で新規ファーマー独立支援**

福岡県久留米市 → page. 220

地方のベンチャーを目指す人に

☑ 起業支援

自治体や商工会議所の窓口でビジネスプランや事業計画について
総合的なサポートが受けられ、起業後の経営相談もできる。

ex. **ビジネスコンテストから24件の企業が誕生**

島根県江津市 → page. 216

どこでも自由に働ける

☑ サテライトオフィス・コワーキングスペース

有線LANや高速Wi-Fiで通信環境も万全なオフィスを
リーズナブルな値段で活用できる。宿泊可能や完全無料のところも。

ex. **最大3か月！　利用料無料のサテライトオフィス**

青森県三戸町 → page. 201

子育て編

地域ならではの安心サポート

自然が豊かな場所で子育てできたり、待機児童が都市部に比べて少ないなど、子どもを育てる環境を地方移住のメリットのひとつと考える人は多い。少子高齢化が進む地域の自治体はファミリー層の移住を歓迎していて、子育て支援に積極的だ。第1子から支給する出産祝い金や保育料の無償化、中学や高校卒業までの医療費負担を無料にするなど、子育て世代を経済面からサポートしている。

また、自治体のユニークな教育環境にも注目したい。親子で農村や漁村に移住する山村留学制度では、都市部ではなかなかできない農業・漁業などの体験ができる。

主な支援制度をCHECK!

子だくさんに手厚い

☑ 出産祝い金

出産後も継続して市町村に住む世帯を対象に支給。
第1子から高額な祝い金を支給する自治体も。

ex. **第1子から総額30万円の子育て応援支援金**

宮城県七ヶ宿町 → page. 202

ケガや病気をサポート

☑ 子どもの医療費助成

中学や高校卒業まで、
子どもの医療費を無償にしている自治体がある。

ex. **0～18歳までの医療費が無料**

福島県 → page. 203

大自然のなかでたくましく育つ

☑ 山村留学制度

小中学生とその親が対象。農村漁村に親子で留学し、
地元の学校に通いながら農漁業の体験や地域の行事に参加する。

ex. **離島がふるさとになる1年間の親子留学**

佐賀県唐津市 → page. 220

市町村独自の

☑ 育児支援金

自治体のなかでも、子育て世帯に継続して
支援金を支給する独自策があるところも。

ex. **町独自の育児手当てで子育て世帯を応援**

福井県池田町 → page. 209

行ってみないとわからないから
お試し移住 編

移住の候補地を見に行くときに役に立つのが、お試し移住の支援策。数日間泊まって町の様子を見るなら、自治体の移住体験住宅が便利だ。設備がそろっていて、1泊数千円で宿泊できるところが多い。数週間から1か月といった中・長期の滞在も格安で利用できる。古民家に興味のある人は、古民家をリノベーションした体験施設がおすすめだ。

自治体では、お試し移住者の希望に合わせたオーダーメイド型の見学ツアーをしているところもあるので活用しよう。また、地元の人たちとボランティアや、現役農家の方と農業体験などができるプランを提供している自治体もある。

主な支援制度をCHECK!

地方の暮らしを気軽に試せる
☑ 移住体験住宅

移住希望者に体験住宅を提供している自治体は多い。
宿泊に必要な設備や家電がついていて、利用期間は短期から長期までさまざま。一定期間無料で利用できるところもある。
移住窓口担当者が地元を案内してくれる自治体もあり、買い物や交通などの生活環境を体験できる。

お試し農業体験
☑ クラインガルテン

クラインガルテンとは農園付きの宿泊施設のこと。地元の農家の方に教えてもらいながら畑の手入れや収穫などの農業体験ができる。

ex. **農ある暮らしを体感する2つのクラインガルテン**
山口県宇部市 → page. 217

憧れの田舎暮らし
☑ 古民家体験

リノベーション済みの古民家で移住体験ができる。

ex. **清流の流れる県内唯一の村で田舎暮らし体験**
埼玉県東秩父村 → page. 205

観光ではわからない体験を
☑ ボランティアやワーキングホリデー

地域の人たちと一緒に、ボランティアや
農作業の手伝いなど、さまざまな体験ができるプランがある。

ex. **農作業や店の手伝いなど宿泊無料のボランティア体験**
鳥取県湯梨浜町 → page. 215

その他 編

ご当地ならではの支援がいっぱい

地域の課題やその土地ならではの独自色を反映したさまざまな支援策にも注目したい。

たとえば、県外への通勤費を補助するなど、仕事を変えずに移住できるメリットを打ち出していたり、夫婦世帯の移住を促すために結婚定住奨励金を支給する自治体もある。

また、自治体のなかにはUターンを促進しているところもあり、都市部から地元に戻ってくる人へ奨励金を支給している。

ユニークな支援制度としては、地元のファンになってくれる女性対象の支援や、アーティストの移住支援なども。移住者に地元の特産品をプレゼントする自治体などさまざまだ。

主な支援制度をCHECK!

都市圏への通勤をサポート

☑ 通勤交通費を助成

新幹線定期券や自動車通勤にかかる費用の一部を補助。

ex. **新幹線定期代に最大36万円！　ゆったり座って通勤可能**

栃木県小山市 → page. 204

結婚で移住がおトクに

☑ 結婚定住奨励金

結婚した世帯が移住する場合に奨励金を支給し、
新生活のスタートアップを支援する。

ex. **大台ヶ原はじめ山々に囲まれた村の結婚定住奨励金**

奈良県上北山村 → page. 214

地元の女子ファン、集まれ

☑ 女性限定の支援金

初めて地域に移住する女性を対象に、引越し費用と家賃を
一定期間補助する。

ex. **女性移住者を歓迎！　家賃や引越し代を支援**

山口県萩市 → page. 217

ユニークな支援に大注目

☑ 名産品プレゼント

移住者に地元の特産品をプレゼント。お米や地元の材料を使った
味噌や醤油をはじめ、なんと子牛1頭の支給まで。

ex. **村に移住した人に子牛1頭プレゼント**

鹿児島県三島村 → page. 223

47AREA TOPICS

全国のお得な支援制度をチェック

SUPPORT SYSTEM DATABASE

自治体は住まいや仕事、子育てやお試し移住など幅広く移住支援を行っている。特に充実した支援策や、その土地ならではのユニークな支援策のある2つの自治体を47都道府県から紹介する。

※制度の詳細は、各自治体にお問い合わせください。

住まい　仕事　子育て　お試し　その他

01 北海道 HOKKAIDO

北海道は住宅費の安さが魅力。1か月の家賃は4万1715円と東京都の約半分だ。夏は過ごしやすいが冬の光熱水道費・灯油代は高く、東京23区と比べると札幌市では10万円以上多くかかる。

北海道で暮らそう!　https://www.kuraso-hokkaido.com/

最長5年間、最大180万円の家賃支援

三笠市

「住みたい田舎ベストランキング」で、北海道エリア総合ランキング第3位（宝島社『田舎暮らしの本』2021年版）。移住者への支援も手厚く、移住者の賃貸住宅の家賃の一部を「みかさ共通商品券」で助成。対象は夫婦いずれかが満40歳未満（または中学生までの子どもがいる）の若者世帯と、満40歳未満で働き口のある単身世帯。若者世帯は、最長5年間、月額上限3万円（計180万円）の補助が受けられる。単身世帯は最長3年間で月額上限2万円。他にも、移住者が住宅を新築する場合、建設費用を最大150万円助成する「新築住宅建設費用助成金」がある。

○建設課住宅係　☎ 01267-2-3998

牛の導入に150万円 酪農王国の手厚い就農支援

別海町

酪農が主要産業で、人口約1万5000人の町に10万頭以上の乳用牛がいる。新規就農者には1戸300万円の就農奨励金を給付するうえ、牛の導入費用を1戸上限150万円で助成。酪農研修牧場で研修手当（月額18万8900円）をもらいながら3年間の研修を受けられる。対象は、40歳未満までの夫婦またはパートナーのいる人、および18歳以上30歳未満の単身者。

○農政課
☎ 0153-75-2111

02 青森 AOMORI

待機児童数ゼロ、1畳あたりの家賃が1882円と全国でもっとも安い。一方で青森市の光熱・水道費と灯油代の年間支出は札幌市を超え41万8126円と全国トップ。

あおもり暮らし https://www.aomori-life.jp/index.html

主要施設が徒歩圏内の宅地の購入を半額サポート

東通村

下北半島の北東部を占め津軽海峡のホタテや太平洋のスルメイカなどの名産品がある村では、「ひとみの里住宅団地」で宅地を分譲中。村役場やこども園、小中学校、診療所が徒歩圏内にある。居住を目的として土地を購入する個人を対象に、土地の購入金額の半額を上限に補助金を交付。１区画約122坪〜で標準坪単価は2万9500円。高速ブロードバンド契約もできる。

○企画課
☎ 0175-27-2111

最長3か月！ 利用料無料のサテライトオフィス

三戸町

利用料・光熱費無料、最長3か月使える宿泊可能なお試しサテライトオフィスがある。3LDKの一軒家で、オフィススペースはWi-Fiやプリンター、スキャナーがある。キッチンやバス・トイレ別の浴室も。

○まちづくり推進課 ☎ 0179-20-1117

銭湯数は全国1位 至福の銭湯温泉県

人口10万人あたりの銭湯数は23.7か所で全国1位。全国平均は2.9か所なので群をぬいて多い。市街地にも温泉が湧くため温泉を利用した銭湯も多く、いろいろな泉質の銭湯を楽しめる。県民はいつでも銭湯に行けるよう車に風呂道具を積んでいるといわれている。

03 岩手 IWATE

復興道路が開通し、宮古・盛岡間、釜石・花巻間のアクセスが向上。暮らしやすさにくわえ2021年度から県外に住む人が岩手で就職するための交通費を最大１万円支給するなど支援を拡充している。

イーハトー部に入ろう！ https://iju.pref.iwate.jp/

全国から志望者が集う無料のプログラミングスクール

八幡平市

事前知識不要、参加費無料の１か月の短期集中型プログラミングスクール「スパルタキャンプ」を市内で年数回開催。2015年の開催以降、270人以上が受講している。キャンプ中は宿舎を無料で利用できる。会場となる「八幡平市起業家支援センター」は、起業家が集うシェアオフィスでもあり、条件をクリアすれば5年間無料で使用できる。

○起業志民Project
https://www.kigyoshimin.com/

UIターン者の住まいの取得に最大400万円

葛巻町

UIターンするファミリー層の住まいの取得に最大400万円を補助。新築の場合、基本額上限200万円に加え、合計年齢が60歳未満の夫婦に50万円、18歳未満の子ども1人につき50万円を加算する（上限3人）。

○いらっしゃい葛巻推進課 ☎ 0195-66-2111

県外から岩手を応援できる「遠恋複業課」

人材を必要とする県内企業と、スキルを活かしたいと考えている県外の人をマッチングする県独自の取り組み。遠距離恋愛の関係に見立てて「遠恋複業」と名付けている。2020年度には25件のマッチングが成立。

○ふるさと振興部地域振興室 ☎ 019-629-5184

04 宮城
MIYAGI

東北地方の中では積雪量が少なく過ごしやすい。東北新幹線が県を南北に縦断しているので県内のアクセスがよく、高速道路を使って隣県にも移動しやすい。

みやぎ移住ガイド https://miyagi-ijuguide.jp/

第1子から総額30万円の子育て応援支援金
七ヶ宿町

町に1年以上住んだ人を対象に子育て応援支援金を支給する。総額は、第1子30万円、第2子50万円、第3子以降70万円。出生時に第1子10万円、第2子15万円、第3子以降20万円を支給。小・中学校入学時に第1子5万円、第2子10万円、第3子以降15万円を支給。高校入学時に、第1子10万円、第2子15万円、第3子以降20万円を支給する。

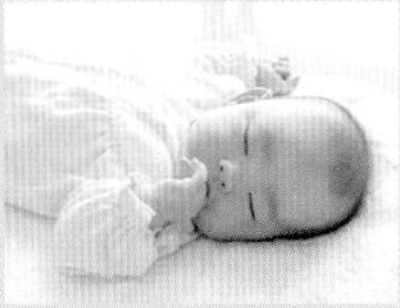

○町民税務課
☎ 0224-37-2114

40歳以下の夫婦や子育て世帯の家賃を月額最大2万円補助
大崎市

仙台市から車で約1時間、西部に鳴子温泉郷がある市では、空き家が事業対象住宅として該当する場合に限り家賃を補助。対象は市外からの移住者のうち、夫婦の一方または2人とも40歳以下の夫婦世帯、あるいは18歳以下の子どもがいる子育て世帯。金額は最長3年間、月額最大2万円支給される。ただし、入居してから少なくとも5年以上住むことが条件となる。

○建築住宅課
☎ 0229-23-2108

05 秋田
AKITA

1日の通学、通勤時間が全国平均より20分以上短く、片道だと30分を切る。持ち家の部屋の広さは51.26畳と富山県についで全国2番目で東京都より15畳以上広い。

"秋田暮らし"はじめの一歩 https://www.a-iju.jp/

町が最大500万円かけてリフォームした住まい
八峰町

リフォーム済の空き家を借りられる。町が空き家を借り上げ、キッチンや浴室、トイレなどの水回りや電気工事、断熱工事などに最大500万円かけて改修をしている。家賃は、改修の程度にあわせて月額2万5000円～3万5000円の間で変わる。150万円未満のリフォームで月額2万5000円、350万円以上だと月額3万5000円となる。

○企画財政課
☎ 0185-76-4603

ローカルベンチャーをサポートするシェアオフィス
五城目町

「世界一こどもがそだつまち」を掲げる町で、思いを形にしたい人に伴走支援する一般社団法人ドチャベンジャーズが廃校をリノベーションしたシェアオフィス「BABAME BASE」にて移住・起業相談を実施。

○BABAME BASE https://babame.net

岩手にGO! お得な「ご縁」アプリ

「秋田GO!ENアプリ」をダウンロードして就活イベントなどに参加すると、獲得ポイントに応じた優待サービスを受けられる。美容院やカラオケボックスの割引から新車購入、結婚式費用の割引までさまざま。

○秋田GO!ENアプリ
https://kocchake.com/pages/recruit-apply

06 山形 YAMAGATA

出産・子育て期（25～39歳）の女性就業率が80%を超え、待機児童数も低水準と女性が働きやすい環境だ。県外の移住希望者の希望に応じて県が不動産団体などに物件を照会してくれる支援もある。

やまがた暮らし情報館 https://yamagata-iju.jp/

子育て世帯の移住を歓迎！奨励金を3年間継続

遊佐町

0歳から中学生の子ども1人あたり月額1万円の奨励金（年額12万円）を3年間支給する。町外に5年以上住んでいた人が移住した場合が対象で、5年以上継続して町内に住むことが条件となる。

○健康福祉課 ☎0234-72-5897

移住者にお米・味噌・醤油をプレゼント

30市町村で移住者に1年間分、米、味噌、醤油をプレゼント。米は単身世帯40kg、2人以上世帯60kg。醤油は単身世帯2L、2人以上世帯3L。味噌は単身世帯2kg、2人以上世帯3kg。公的相談窓口で移住相談した人が対象。

○山形県ふるさと山形移住・定住推進課 ☎023-630-3407

農業“経営者”の輩出を目指す産学官連携の学校

鶴岡市

2020年開校。東北3位の農業産出額を誇り、「だだちゃ豆」等の在来野菜も豊富な山形県鶴岡市で、2年間、有機農業をはじめ持続可能な農業の経営について学ぶ。入学金は無料、授業料は年額12万円。研修期間中は月額1万円で併設の宿舎が利用可能。座学と協力農家での実習を通じて農業未経験でも基礎から学ぶことができる。スタッフは地域の農業事情や栽培技術に精通したベテランからUIターン移住の若手まで揃い、行政・JA・教育機関・民間企業の連携により、就農準備から就農後の経営安定化までを一貫してサポートする。

○鶴岡市立農業経営者育成学校 SEADS（シーズ） https://tsuruoka-seads.com/

07 福島 FUKUSHIMA

東北新幹線で東京から約90分でアクセスでき、仕事を変えず移住することも可能だ。テレワーク移住の支援にも力を入れている。全市町村で子どもの医療費を18歳まで無償にするなどの子育て支援も。

ふくしまぐらし。 https://www.pref.fukushima.lg.jp/site/fui/

スノーボードの聖地で南郷トマトの就農支援

南会津町

南郷スキー場に集まるスノーボーダーが就農し、夏はトマト栽培、冬はスキー場で働く例が増えている。夫婦や親族など2名以上での就農希望者を対象に、1～2年間、地域のベテラン農家の下でトマト栽培の実務研修を受けられる研修生制度がある。研修中は1人あたり月額15万円の補助金を支給。就農後、指導班の巡回指導を受けられる。

○農林課農政係 ☎0241-62-6220

マイホームの夢を叶える最大400万円の補助金

喜多方市

会津地区外から移住して住まいを新築する場合に補助金を支給。40歳未満の場合、基本補助額100万円。配偶者や子どもがいる場合などの加算をすべて合計すると最大400万円受け取れる。

○企画政策部地域振興課 ☎0241-24-5306

県外企業のテレワークに最大30万円支援

1泊から3か月まで、県内でテレワークする費用を最大30万円補助。県外企業とそこに在職する正社員やフリーランサーを対象に宿泊費、交通費、コワーキングスペースの利用料、レンタカー代などを補助。

○福島県地域振興課 ☎024-521-8023

08 茨城 IBARAKI

東京から水戸間がJR常磐線で約74分、秋葉原からつくばがつくばエクスプレスで約45分と首都圏へのアクセスが良好。さらに、農業産出額は全国トップクラス。暮らすうえでオールラウンドな魅力に富んでいる。

Re:BARAKI https://iju-ibaraki.jp/

なんと宅地を無償譲渡 さらに助成金100万円も

常陸太田市

県の北東部にあり、県庁所在地である水戸市から約20kmにある市。市外からの移住者を対象に、市の北部に位置する自然豊かな里美地区の「里美白幡台団地の一部区画」を2年間無償で貸し付け。2年以内に住まいを建て住民票を移した場合、土地を無償譲渡。さらに、転入促進助成金100万円が受け取れ、徒歩で行ける近くの温泉施設の利用券がプレゼントされる。

○少子化・人口減少対策課 ☎ 0294-72-3111

笠間焼の陶芸家の創作活動をサポート

笠間市

伝統的工芸品である笠間焼の陶芸家を支援。新たに市内で笠間焼を始める人に、建物や土地の購入費用、窯やろくろなどの購入費用、工房などの修繕費用を最大50万円補助している。

○商工課 ☎ 0296-77-1101

観光や仕事にも使えるふるさと県民制度

県外居住者が「いばらきふるさと県民」に登録すると、観光や仕事などで茨城県に行ったときに優待サービスを受けられる。対象施設は100以上。飲食店や温泉施設、レンタカー代の割引や特典サービスがある。

○いばらきふるさと県民制度
https://iju-ibaraki.jp/kenmin/

09 栃木 TOCHIGI

自動車メーカーの工場があり、2017年の「1人当たりの県民所得」は東京、愛知につぐ3位。自然災害のリスクは鳥取についで全国で2番目に低い（自然災害に対するリスク指標（GNS）2017年度）。

ベリーマッチとちぎ https://www.tochigi-iju.jp/

特産木材を使う住まいに最大300万円補助

那珂川町

町の中央にアユが遡上する清流・那珂川が流れる。県内の八溝地域で伐採される木材は八溝材と呼ばれ、美しい木目と強度で知られる。この木材を使用した新築住宅に最大30万円の補助金を支給。さらに移住者に100万円、18歳以下の子ども1人につき30万円（上限4人）、町内の建築業者に依頼すると50万円を加算。合計最大300万円の補助金を受け取ることができる。

○産業振興課
☎ 0287-92-1113

新幹線定期代に最大36万円! ゆったり座って通勤可能

小山市

東京、埼玉、千葉、神奈川への通勤定期券代を支給。東北および東海道新幹線区間が対象で、月額最大1万円（最長3年間）。新卒者または移住者で40歳以下か15歳以下の子どもがいる人が対象。

○シティプロモーション課 ☎ 0285-22-9376

婚約・新婚カップルへ2年間の優待サービス

県では、最長2年間、茨城・栃木・群馬の協賛店舗で優待サービスを受けられる、とちぎ結婚応援カード・とちマリ。一方が県内居住または通学・通勤している、新婚か2年以内に結婚予定のカップルが対象。

○とちマリ https://www.tochigi-mirai.jp/tochimari/

⑩ 群馬 GUNMA

新幹線で都心までアクセスでき、物価の安さは宮崎県、鹿児島県についで全国で3番目。1か月あたりの家賃も東京の約半額で生活費が抑えられる。草津温泉などが湧く温泉県でもある。

はじめまして、暮らしまして、ぐんまな日々 https://gunmagurashi.pref.gunma.jp/

出産から中学卒業まで手厚い子育て支援

嬬恋村

標高2000m級の山々に囲まれ、高原キャベツの産地として知られる村は、子育て世代を経済面で総合的にサポート。出産祝い金は第1子、第2子に5万円ずつ、第3子に10万円、第4子以降に15万円を支給している（父母のいずれかが6か月以上、村に住んでいることが条件）。保育料は第１子から無料で給食費も保育園・幼稚園～中学校まで無料と支援が充実。

○健康福祉課
☎ 0279-96-0512

工房の新規開設を補助金で応援

桐生市

市内で新しく工房を開設する人に家賃やリフォーム費用を補助。繊維製品、ガラス細工、木工竹細工、陶芸や金工などの工房を公開し製作体験または直売することが条件。家賃は最長2年間、月額最大2万円を補助。建物のリフォーム費用は最大40万円補助するほか移住者には5万円加算。絹織物生産に使われたノコギリ屋根工場に工房を開設する場合は5万円加算。

○産業経済部商工振興課
☎ 0277-46-1111

⑪ 埼玉 SAITAMA

高速道路網が発達しているので、東京へも首都圏郊外へもアクセスが良好。在来線で都内に通学・通勤できる便利な立地で、さいたま市では2018年の転入超過数が9345人と増加している。

住むなら埼玉！ https://www.pref.saitama.lg.jp/a0106/sumunarasaitama/

清流の流れる県内唯一の村で田舎暮らし体験

東秩父村

都心から車で約90分、村の8割を山林が占める。築約80年の2階建て古民家を改修した施設・MuLife（ムライフ）で体験移住ができる。Wi-Fiや家電、調理器具がそろい、5名まで宿泊可能。料金は1世帯あたり1週間まで1日1万円、8日目から1日2万円（光熱水道費、寝具レンタル料別）。家の前に流れる槻川で水遊びや魚釣りをしたり、庭でバーベキューができる。

○企画財政課
☎ 0493-82-1254

地域や民間と連携し先進的な教育を推進

戸田市

市民の平均年齢が41.4歳と県内でもっとも若く子育て世帯が多い市では、小学校、中学校を通して、未来の学びとして世界中で注目されるプロジェクト型学習を2018年度から推進。この授業では、子どもたちが各教科で学んだ知識等を使い、地域の課題解決などに取り組む。例えば、町会長を招き町の課題をヒアリング、グループで解決策を考え、地域住民にプレゼンする。さらに、中学校の部活動に週3回、外部から各競技の専門家を招き、練習メニューの作成や部員への技術的なアドバイスをしてもらうなど、質を上げるためのサポートを行っている。

○戸田市役所 ☎ 048-441-1800

⑫ 千葉 CHIBA

松戸や船橋は東京まで電車で約25分でアクセスできる通勤圏だ。太平洋に面した九十九里エリアと南房総エリアはマリンスポーツが人気で海産物も豊富と、個性豊かな地域性が魅力。

ちばの暮らし情報サイト https://www.pref.chiba.lg.jp/seisaku/ijuteiju-chiba/portal/index.html

シェア工房のあるコワーキングスペース

佐倉市

京成ユーカリが丘駅から徒歩3分の「CO-LABO SAKURA」(コラボサクラ)。コワーキングスペース、シェアオフィスに加えレーザー加工機やドライバードリルが使えるシェア工房がある。コワーキングスペースでは無料Wi-Fi、シェアオフィスでは無料Wi-Fiと有線LANが使用可能。料金はコワーキングスペース1時間300円、月額3300円〜、シェアオフィス月額3万5000円〜。

○CO-LABO SAKURA https://www.co-labo.shiteikanri-sakura.jp/

子どもがUターンしたら親に支援金を支給

栄町

千葉県の北部中央、利根川や印旛沼流域の自然に恵まれた栄町では、Uターン者が親と同居・近居をする場合、支援金を親に支給する。Uターン者が1年以上町外に居住していたこと、長期にわたり親と同居または町内に住むことが条件。金額は、Uターン者の世帯構成(配偶者や中学生以下の子どもの有無)により、8万円から最大30万円になる。

○まちづくり課 ☎ 0476-33-7719

⑬ 東京 TOKYO

23区以外は多摩地域と島しょ部に分かれ、多摩地域の立川市、八王子市などの東部は、ベッドタウンとして都内への交通網が発達。島しょ部でもっとも近い伊豆大島は高速船で約1時間45分と週末移住も可能。

無料でオーストラリアにホームステイできる

檜原村

島しょ部を除き都内で唯一の村の子育て支援はユニーク。出産祝い金は第1子5万円、第2子10万円、第3子20万円。中学2年生の希望者全員がオーストラリアにホームステイができ、全費用を村が負担。

○やすらぎの里(出産祝い金) ☎ 042-598-3121
村役場(ホームステイ) ☎ 042-598-1011

若い移住者に人気の、椿林に覆われる利島

東京から南に約140kmの利島は、人口約300人のうち20 〜 40代の約84%を移住者が占める(2020年1月)。特産品の椿油関連の産業がさかんでヘアケアやスキンケアなどに使用される椿油は、実の収穫から製品の梱包まで島内で行われている。

○利島村 http://www.toshimamura.org/

若者専用の空き家バンクで物件を優先紹介

奥多摩町

都心から電車で2時間、登山に訪れる人が多い奥多摩町は、若者世帯に特化した「若者用空き家バンク」で物件を公開。対象は45歳以下の夫婦、50歳以下で中学生以下の子どもがいる世帯または35歳以下の単身世帯。さらに、住まいの購入費や改修費を最大220万円補助する制度もある。こちらは45歳以下の夫婦、18歳未満の子どもがいる世帯か35歳以下が対象。

○若者定住推進課 ☎ 0428-83-2310

⑭ 神奈川 KANAGAWA

横浜、川崎などの都市部を離れると、観光やリゾートで人気の三浦半島、相模湾に面した湘南、相模川が流れ里山のある相模、丹沢山地や箱根山に囲まれ温泉街のある足柄など、特色あるエリアが広がる。

神奈川県移住・定住トップページ　https://www.pref.kanagawa.jp/menu/6/33/167/index.html

プログラミングで世界を目指す中高生向けの無料アカデミー

横須賀市

2019年に中・高校生対象のプログラミングスクール「横須賀プログラミング“夢”アカデミー」を開講。選考を突破したアカデミー生は、WEBサイトを作るコースとゲームを開発するコースを受講できる。オリジナルアプリを開発し、外部のプログラミングコンテストにもチャレンジ。受講料は無料で現役のプロから学べる。IT企業などを見学する特別授業もある。

○横須賀市経営企画部企画調整課
☎ 046-822-8221

温泉町でコワーキングしながらトライアルステイ

箱根町

首都圏からのアクセスがよく温泉地として知られる箱根町に、お試しステイができる古民家がある。Wi-Fiやプリンターが設置されコワーキングスペースとして使用可能。移住支援グループ「ハコネステイル」のサポートがあり、町案内や先輩移住者との交流会のほか、物件探しの相談ができる。契約事務手数料2万円と参加保証料1万円が必要。

○企画観光部企画課
☎ 0460-85-9560

⑮ 新潟 NIIGATA

米どころで日本海の魚介類も豊富。2020年47都道府県別生活意識調査で「食べ物のおいしさ自慢」、「お酒のおいしさ自慢」の2分野で1位。北陸・上越新幹線が通り、首都圏へのアクセスもよい。

にいがた暮らし　https://niigatakurashi.com/

地元の人たちと交流できる週末農業体験

村上市

海と山林に囲まれた山北地区で週末1泊2日、農作業や自然体験をする「百姓やってみ隊」。8 ~ 10か月にわたり特産品の赤カブを栽培する伝統的な焼き畑体験や間伐などの林業体験ができる。

○山北支所地域振興課　☎ 0254-77-3111

女性向け移住ガイドブック「にいがたじかん」

移住した女性約100人の声を紹介するガイドブック「にいがたじかん」。住まい、仕事、子育てについての体験談や支出シミュレーションなどリアルな情報を公開。インスタでは「つづく、にいがたじかん」も。

○https://www.pref.niigata.lg.jp/sec/shigototeijyu/201912niigatajikan.html

海や山で自然体験できる佐渡島の親子留学

佐渡市

新潟港から船で約1時間の佐渡島に親子で留学する「松ヶ崎留学」。小学校1年生～中学校3年生の生徒とその保護者が対象。小学生4人、中学生13人の松ヶ崎小中学校に通いながら、遠泳チャレンジや、林業体験ができる。佐渡を拠点に活動する太鼓芸能集団「鼓童」研修生との交流も。費用は小学生月額5800円～、中学生は6600円～（PTA会費別）。

○松ヶ崎小・中学校
☎ 0259-67-2151

⑯ 富山 TOYAMA

3000m級の立山連峰と富山湾に囲まれ、持ち家の居住室の広さは全国でもっとも広く53.83畳。自然豊かな場所で広い家に住むことができる。県庁所在地の富山市から県内各地まで車で約1時間半と移動しやすい。

くらしたい国、富山 https://toyama-teiju.jp/

3世代をハッピーにする「孫守り」の支援制度

立山町

立山黒部アルペンルート沿い、室堂周辺の雪の大谷の景観でも知られる立山町では、子育て世代の負担軽減のために3世代同居を推進。規定の時間、勤務している父母に代わり自宅で孫の面倒を見ている祖父母に「孫守り推奨補助金」を支給。祖父母、父母、児童のいずれも町民であることが条件で、保育所などに通っていない0～2歳児（3歳の誕生月まで）の孫の保育を3か月以上継続した場合が対象。月額の支給金額は、祖父母と同居の0歳児の場合6万円、1歳児の場合4万円、2歳児の場合2万円。祖父母が別居している場合、金額は半額となる。

〇健康福祉課　☎076-462-9955

県外にらくらく通学・通勤 新幹線の交通費補助

黒部市

黒部峡谷の絶景でも知られる市では、県外に新幹線で通学・通勤する人に支援金を支給。市内在住で黒部宇奈月温泉駅から北陸新幹線で通学する場合、月定額2万円（高校生を除く）、通勤は月額上限1万5000円。

〇黒部市都市計画課　☎0765-54-2647

移住者の鉄道・バス・飛行機などの運賃を補助

県では、移住を検討する県外在住の人に富山県内までの往復交通費を上限1万円支給（年度内1回限り）。自治体の移住体験ツアーに参加する場合や、先輩移住者の訪問、企業訪問、住まい探しをする場合に申請できる。

〇https://www.pref.toyama.jp/140408/sangyou/roudou/roudoukoyou/kj00020291.html

⑰ 石川 ISHIKAWA

25～44歳の女性の就業率が80％を超え、待機児童ゼロという女性が働きやすい環境が整っている。金沢市、加賀市、能美市など県内各地で伝統工芸が受け継がれ、研修施設もあり職人の支援も手厚い。

いしかわ暮らし情報ひろば https://iju.ishikawa.jp/

起業の夢を叶える官民一体の支援プラン

七尾市

市内事業者数が減少したことを背景に、「ななお創業応援カルテット」を2014年に開設。移住創業もサポートしていて、累計で相談217件、開業97件のうち県外在住者からの相談は46件、開業が18件。

〇七尾商工会議所　☎0767-54-8888

九谷焼や山中漆器などの職人を目指せる

石川にはさまざまな伝統工芸の知識と技術が学べる研修所がある。石川県立九谷焼技術研修所（能美市）、全国で唯一「挽物轆轤技術」と「漆芸技術」を学べる石川県挽物轆轤技術研修所（加賀市）、石川県立輪島漆芸技術研修所（輪島市）など。

農家民宿や農家レストランの開業・経営をサポート

石川県

県内で農家民宿や地元の食材を楽しめるカフェや農家レストランなどの開業・経営のサポートをする「スローツーリズムサポートデスク」を設置している。開業相談や、現地の見学、物件探しなどを支援。補助や融資制度についても紹介している。開業したあとも、安定した経営に向けた課題解決のためにアドバイザーを派遣するなどの支援を受けられる。

〇農林水産部里山振興室
☎076-225-1629

⑱ 福井 FUKUI

全47都道府県幸福度ランキング2020年版で総合1位。仕事の分野で正規雇用者比率が高く、若者の失業率が低いこと、教育分野で子どもの学力、体力ともにトップクラスという点が評価されている。

ふくい移住ナビ https://www.fukui-ijunavi.jp/

ものづくりを極める伝統工芸の職人育成コース

福井県

県の伝統的工芸品の職人を育成する伝統工芸職人塾があり、越前漆器、越前和紙、越前打刃物、越前焼、越前箪笥の実習を行っている。長期（1年以上）と短期（2か月以内）の2つのコースがあり、受講料は無料。原則として40歳以下の人が申し込める。実習は工芸品ごとに産地事業所で行い、研修手当や家賃補助などを受けられる。

○産業技術課
☎ 0776-20-0378

町独自の育児手当てで子育て世帯を応援

池田町

3歳未満の子どもをもつ人に「ママがんばる手当」を支給。月額2万円のいけだ応援券に加え、子ども1人につき月額1万円加算。0歳、1歳、2歳の子どもがいる場合、応援券2万円と加算分の3万円を支給。

○保健福祉課 ☎ 0778-44-8000

1年で海女さんデビューできる研修プログラム

ふくい水産カレッジでは、漁船漁業、海女、養殖の３コースの研修を行っている。期間は1年（養殖コースは最長3年）で年48時間の座学と1200時間の実習がある。就業後は、定着支援資金の貸与を受けられる。

○福井県水産経営支援グループ ☎ 0776-20-0437

⑲ 山梨 YAMANASHI

電車や車で約1時間30分～2時間で東京へアクセス可能。リニア新幹線が開通すると都心まで25分、名古屋へ40分とさらに短縮。富士山、八ヶ岳、南アルプスなどの山々に囲まれて2拠点居住も楽しめる。

やまなし移住・定住総合ポータルサイト https://www.iju.pref.yamanashi.jp/

教育にかかる費用が無料の親子山村留学

丹波山村

雲取山、飛龍山などの山々に囲まれた人口約550人の村に親子で留学できる。小学1年生～中学3年生までの児童と保護者が対象。期間は1年間で延長や年度途中の受け入れも可能。丹波小・中学校に通いながら、ささら獅子舞やマイタケの栽培などを体験できる。月額1万5000円～の定住促進住宅を利用でき、給食費、教材費、修学旅行、校外学習などの費用は無料。

○丹波山村教育委員会
☎ 0428-88-0211

農家に宿泊しながらフルーツ農園で農作業

甲州市

ブドウやモモなどフルーツ栽培がさかんな甲州市で2泊3日の農村ワーキングホリデーに参加可能。農繁期の手助けが必要な農家に宿泊し、果樹の傘かけ、袋掛け、収穫などの農作業を手伝う。

○農林振興課 ☎ 0553-32-5092

東京FMラジオで山梨ライフを放送中

東京FMで山梨への移住や2拠点居住（デュアルライフ）をテーマに「デュアルでルルル♪」を放送中（毎週日曜8時30分～8時55分）。移住者や2拠点居住、ワーケーションをしている人のリアルな話を聞ける。

○デュアルでルルル♪ https://www.tfm.co.jp/lululu/

20 長野
NAGANO

2018年には2315人が移住し、そのうち1/3が20代と若い世代に人気(長野県就業促進・働き方改革戦略会議)。東京から北陸新幹線で約1時間30分と利便性が高く、住居費や生活費は全国の中でも安い。

楽園信州 https://www.rakuen-shinsyu.jp/

経験豊かな里親農家からじっくり指導を受けられる

東御市

年間を通して晴れの日が多く、巨峰などの果樹やワイン用のブドウ、水稲のほかさまざまな野菜が作られ、ワイン造りもさかん。市では、新規就農を目指す人を「里親研修制度」で支援。就農希望者と里親となる先輩農業者をマッチングし、2年間里親の農園で実習できる制度だ。研修中は、東御市就農トレーニングセンターに居住することも可能。

○農林課担い手支援係
☎ 0268-64-0535

木曽漆器の職人を志す人に技を伝授する学院

塩尻市

ヒノキやケヤキなどの木材と天然漆で作られる木曽漆器は、450有余年の歴史をもつ伝統的工芸品。塩尻市木曽高等漆芸学院では、2年間無料で木曽漆器の技を学べる。科目は漆工と蒔絵、沈金。毎年2月に若干名を募集している。対象は木曽漆器産業で働いている人(将来働く予定の人も含む)。授業は週2日で夜間に行われ、働きながら受講可能。

○木曽漆器工業協同組合事務所
☎ 0264-34-2113

21 岐阜
GIFU

北アルプスや木曽三川のある自然環境や、刃物や美濃焼などのものづくりの伝統が魅力。名古屋からJRで約20分とアクセスもよく、愛知県からの移住者は年間800人以上になる。

ふふふぎふ https://www.gifu-iju.com/

住まいを建てた移住世帯に米10俵をプレゼント

飛騨市

市に移住した人に飛騨の風土や住む人の人柄を感じてもらいたいという思いから、移住後10年間にわたり、1年あたり米1俵、計10俵をプレゼント。単身、夫婦、家族で市外から移住し、移住後3年以内に住まいを新築または購入した人が対象になる(ただし市内に2親等以内の親族がいる場合は対象外)。1俵は約60kgなので10年間で約600kgの米を受け取れる。

○地域振興課
☎ 0577-62-8904

理想の工房を探せる陶芸工房バンク

多治見市

美濃焼の産地で焼き物作りを希望する人に、WEBで貸工房の情報を公開している。窯やろくろなどの設備やギャラリースペース付きなど、希望にあわせたさまざまな物件を検索できる。

○多治見市陶磁器意匠研究所 ☎ 0572-22-4731

県の特産品生産を担う新規農業者を育成

飛騨地方のブランド牛・飛騨牛、美濃地方の米や野菜など農産物が多彩。働きながら農業の基礎を学べる夜間ゼミや、プロの農家の下で1年間実習できる「あすなろ農業塾」など、就農支援も充実。

○ぎふ就農ポータルサイト ぎふっ晴れ https://gifu-agri.com/

22 静岡 SHIZUOKA

東海道新幹線で名古屋、東京に約1時間で到着する利便性のよさから、テレワーク移住にも適している。南アルプスに続く山々と相模灘、駿河湾、遠州灘と3つの湾がありアウトドアも気軽に楽しめる。

ゆとりすと静岡 https://iju.pref.shizuoka.jp/

テレワーク移住すると最大50万円がもらえる

富士市

東海道新幹線で東京から1時間10分の富士市では、テレワーク移住に最大50万円の補助金を支給。東京圏に1年以上継続して勤務・居住していた社員または個人事業主がテレワーク移住した場合が対象。

○企画課移住定住推進室 ☎ 0545-55-2930

地域起こし協力隊の定住率が全国1位

最長3年間、地方に移住してPRや広報をはじめさまざまな活動をする「地域起こし協力隊」。静岡県は任期終了後の隊員の定住率が全国でもっとも高く83.3%。48人中40名が活動地や活動地近隣の自治体に定住している（2019年度 総務省調査）。

地域の連携サポートでほぼ100%が農業を継続

伊豆の国市

県や市、JA、受け入れ農家が連携して新規就農をサポートしている。おおむね45歳未満の人を対象に2か月間の事前研修と1年間の実習を行う。JA伊豆の国管内では、ミニトマト57人、イチゴ21人、ワサビ2人の計80人が農業で独立（2020年度末時点）。農地借用や、就農後の経営も先輩農家やJAに相談でき、就農後の継続率はほぼ100%。

○JA伊豆の国営農販売課 ☎ 055-949-7111

23 愛知 AICHI

自動車産業が集積し製造品出荷額が全国トップで給与水準も高いが、物価や家賃は全国平均よりも安い。高速道路や新幹線、空港があり日本全国へのアクセスもよい。

愛知の住みやすさ発信サイト https://www.pref.aichi.jp/chiho-sosei/sumiyasusa/

農業を始めたい人にノウハウを教える就農塾

豊川市

豊川が流れ三河湾に面した自然豊かな市では、新規就農を目指す人に「とよかわ就農塾」を開講している。アスパラ、ナス、キャベツを作り、修了後1～2年以内の就農を目指す人が対象。毎年8月～翌年6月の10か月間研修を行い、受講料は5000円。毎月2回の開催で、講義と畑での実習がある。修了者は農業機械の購入や貸し出しのサポートを受けられる。

○産業環境部農務課 ☎ 0533-89-2138

40歳以下の移住者の町外通勤に補助金

東栄町

UIターンした40歳以下の人が町外に通勤する場合に3年間補助金を支給。車、バイクの場合、6か月あたり3万9000円～9万9000円（距離に応じて変わる）。電車の場合は、6か月定期代金の1/2を補助。

○振興課 ☎ 0536-76-0502

名古屋市に隣りあう日本一のお金持ち村

名古屋市の隣にある飛島村は人口約4800人の小さな村ながら、臨海工業地帯の物流拠点で財政力指数は2.18と全国トップ。中学2年生のアメリカへのホームステイ体験費用を全額村が負担するなど教育支援が充実。

○飛島村役場 https://www.vill.tobishima.aichi.jp/index.html

㉔ 三重 MIE

県北部は名古屋まで車で約1時間、京都まで約1時間半とアクセスがよく、次世代自動車などの最先端企業が立地している。県南部は観光やリゾートで人気の伊勢志摩エリアがあり、農林漁業がさかん。

ええとこやんか三重　https://www.ijyu.pref.mie.lg.jp/

仕事の合間に温泉を楽しめるサテライトオフィス

松阪市

日帰り温泉のある道の駅「飯高駅」のそばに立つサテライトオフィスは、レンタルオフィスとコワーキングスペース、レンタルキッチンを備えた施設。レンタルオフィスは個人、法人とも契約でき月額料金1万円（光熱水道費別）。コワーキングスペースとレンタルキッチンは1時間500円、１日3000円で利用できる（エアコン使用料別）。周辺の宿泊施設を利用できる。

○まつさか移住交流センター
☎ 0598-32-2515

芭蕉ゆかりの町で子どもたちが農業体験できる

伊賀市

伊賀と伊勢を結ぶ伊賀街道があり、松尾芭蕉の句碑が街道沿いに立てられている市では、年間を通して子どもたちが農業体験できる「おおやまだ農業小学校」を開校。8坪ほどの自分の畑を持ち、月2回、野菜の種まきや収穫作業をする。参加者全員で田植えや稲刈り体験もできる。夏のカヌー体験や秋の田んぼ運動会などのイベントも。費用は１家族年間2万円。

○大山田農林業公社
☎ 0595-47-0151

㉕ 滋賀 SHIGA

日本でもっとも大きな湖・琵琶湖がある滋賀県は、県内総生産に占める製造業の割合が全国1位のものづくり県。給与も高く従業者1人あたりの現金給与総額は504万円と、愛知、神奈川についで全国3位だ。

滋賀ぐらし　https://www.pref.shiga.lg.jp/iju/

エリア別の体験プランでリアルな移住ライフを体験

滋賀県

地域コーディネーターと一緒に町めぐりをし、仕事の現場を体験する「しがレポ」に参加できる。基本は1泊2日～で、東近江、高島、米原、彦根、甲賀、近江八幡などの地域別プランがある。参加者は50歳未満の人が対象（学生不可）。参加後、写真と体験レポートを提出すると１日6000円の謝礼をもらえる。交通費や宿泊費、体験費用は参加者が負担する。

○滋賀移住計画
https://shiga-iju.com/

信楽焼のふるさとで焼き物の伝統を学べる独自カリキュラム

甲賀市

日本六古窯のひとつ、信楽焼の産地・甲賀市信楽町には、全国でも珍しい窯業を学べる信楽高校がある。セラミック系列、デザイン系列、普通系列の3つのカリキュラムがあり、2年生から各系列に分かれて学ぶ。セラミック系列では信楽焼の伝統工芸士による指導があり、デザイン系列では地元のイベントを応援するポスターのデザインなどを手がける。

○滋賀県立信楽高等学校
☎ 0748-82-0167

26 京都
KYOTO

古都のイメージが強いが、北部は天橋立で知られる「海の京都」、南部は宇治茶の生産がさかんな「お茶の京都」など、地域性が多様。物価水準は高く、東京、神奈川、埼玉につぐ全国4位。

今日と明日 https://www.kyoto-iju.jp/

昔ながらの京町家の改修に最大90万円の補助金
京都市

市内で1年以上空き家になっている一戸建て・長屋建ての建物を、規定された特定目的で活用する場合の工事費用を最大60万円補助。伝統構法で建てられた京町家等の場合は最大90万円を補助する。

○空き家相談窓口 ☎075-231-2323

職人、経営者、デザイナーが集まる「京都職人工房」

京都府内に職場や居住地があり伝統産業に携わる人たちが、交流したり人材育成プログラムなどを受けられる「京都職人工房」。人材育成プログラムでは工芸のマーケットやSNS活用術などの講座がある。

○京都職人工房 https://kyoto-craftsmanstudio.com/

月額家賃3万円の住まいをUIターン者に貸し出し中
綾部市

美しい姿から「丹波富士」と呼ばれる弥仙山を有し、車で大阪・神戸方面、京都市内へ約1時間半でアクセスできる市では、UIターン者に住まいを提供。空き家を市がオーナーから借り受けてリフォームしているので、即入居可能だ。対象は市外から移住する60歳未満で構成される世帯で、月額家賃は3万円（敷金9万円）。原則3年間入居可能。

○定住交流部定住・地域政策課
☎0773-42-4270

27 大阪
OSAKA

人口は東京、神奈川につぐ第3位で800万人を超える西日本の中心地だ。通学や通勤にかかる時間が片道約42分と東京圏より短く、職住近接なのが特徴。府の移住支援はなく、市町村が独自に行っている。

大阪府公式ホームページ 定住促進の取り組み http://www.pref.osaka.lg.jp/kikaku_keikaku/tihousousei_torikumi/teijyusokushin.html

経験ゼロからイチゴ農家を目指す実践型農業塾
千早赤阪村

府内唯一の村には金剛山がそびえ、棚田が広がる。ここでは大阪府・千早赤阪村・河南町・JA大阪南と連携した農業塾「いちごアカデミー」を開催。就農コースでは1年間、栽培方法や売れる商品作りのポイント、イチゴ栽培の経営試算等の講座に加え、プロの農家から直接指導してもらえる実習がある。受講料は3万円。講座のみを受ける場合は6000円。

○大阪府南河内農と緑の総合事務所農の普及課
☎0721-25-1131

若者・子育て世帯の空き家活用に最大100万円
枚方市

要件を満たす40歳未満の夫婦世帯または18歳以下の子どものいる世帯を対象に、市内の空き家を取り壊して新築する場合、または耐震改修およびリフォーム工事をする場合に最大100万円を補助する。

○住宅まちづくり課 ☎072-841-1478

関西エリアの女性の起業をフルサポート

関西エリア2府5県の女性を対象に女性起業家応援プロジェクトを実施。これまでのべ5000名超の女性が参加している。ビジネスプラン発表会や起業家をサポートする民間企業とのコミュニティサイトなどを運営。

○女性起業家応援プロジェクト＆ネットワーク運営事務局
☎06-6271-0279

28 兵庫 HYOGO

北は日本海、南は瀬戸内海まで広がり、エリアによって気候は変化に富む。北部は冬の降雪量が多いが、人口が集中する神戸・阪神地域は温暖な気候で、神戸市の年間光熱・水道費の支出は全国でもっとも安い。

夢かなうひょうご https://www.yume-hyogo.com/

定住の準備ができる移住者向けの格安物件

豊岡市

兵庫県北部に位置し、日本海に面した竹野浜、南部の神鍋高原、1300年以上の歴史がある城崎温泉など、市内に個性豊かな地域資源がある。豊岡暮らしのイメージができるよう、移住者を対象に住宅を提供していて、最長2年間住みながら定住の準備ができる。月額家賃は1万4500円～2万円台の範囲（敷金別）。オンラインで360°の内覧ができる物件もある。

○豊岡市環境経済課
☎0796-21-9096

淡路島の洲本市分譲地購入で基本額200万円の高額補助

洲本市

市分譲地を購入して住まいを建てる夫婦世帯に活性化促進金を支給。基本額200万円、小学生以下の子どもがいる場合や、10年以内に子どもが生まれた場合、子ども1人につき100万円（上限3人）を追加。

○地域生活課 ☎0799-33-0160

楽天スーパーポイントが貯まるひょうごe-県民証

県外在住者限定の「ひょうごe-県民証（Edyカード）」は、全国のコンビニエンスストアなどで利用するたびに楽天スーパーポイントが貯まる。初めての利用時に最大400円相当のポイントをプレゼント。

○ひょうごe-県民制度
https://web.pref.hyogo.lg.jp/kk44/e-kennmin.html

29 奈良 NARA

歴史ある神社仏閣に多くの観光客が訪れる。県南部・東部は「奥大和」と呼ばれ、世界遺産の「紀伊山地の霊場と参詣道」がある山岳地帯。このエリアの市町村は移住者の支援に力を入れている。

Local Life in Nara Okuyamato https://locallife-okuyamato.jp/

若者の単身移住をサポートする特産木材を使ったシェアハウス

川上村

吉野川上流にある川上村は、林業就業者や起業家の若い単身者向けに、定住の準備期間の住まいとして「人知シェアハウス」を提供。名産の吉野材をふんだんに使った施設で、18歳～39歳までが最長5年間入居できる。キッチンやダイニング、浴室やトイレなどは共有で個室に住める。家賃は月額1万2000円、共益費は月額6000円（敷金は家賃の3か月分）。

○川上村くらし定住課
☎0746-52-0111

大台ヶ原はじめ山々に囲まれた村の結婚定住奨励金

上北山村

登山で人気の大台ヶ原がある村では、村で結婚し引き続き住む新婚夫婦に結婚定住奨励金を支給する。婚姻届けを出してから1年後に10万円、3年後に20万円もらえる。

○住民課 ☎07468-2-0001

奥大和でテレワーク！ 5エリアにあるシェアオフィス

奈良県の南部・東部にある吉野町、東吉野村、五條市、下北山村、天川村のシェアオフィスは、古民家や旅館を改修していたり、カフェが併設されていたりさまざまな特色がある。すべての施設にWi-Fi環境を整備。

○奈良県総務部知事公室奥大和移住・交流推進室
☎0744-48-3016

30 和歌山 WAKAYAMA

紀伊半島の西側を占め、温暖な気候に恵まれている。ミカンやウメ、カキの収穫量は全国1位。通学・通勤時間は東京に比べて30分以上短く、1か月あたりの家賃も4万984円と関西エリアの中でもっとも安い。

わかやまLIFE https://www.wakayamagurashi.jp/

地元の「なりわい」と移住者をマッチング

和歌山県

後継者を必要とする県内の商店や飲食店、民宿などと、継業を希望する移住者をマッチングする「わかやま移住者継業支援事業」を実施している。地域で継続されてきたサービスを、移住者ならではの新しい視点で活性化する目的だ。県外から移住して3年未満で60歳未満の人を対象に、事業引継ぎにかかる費用を最大100万円補助する制度がある。

○移住定住推進課
☎ 073-441-2930

ミカン農家として独立を目指す人をトータルサポート

有田市

有田ミカン農家を目指す人への支援として、市外から移住した40歳以下の新規就農者と農地提供者、受け入れ農家をマッチングする「AGRI-LINK IN ARIDA」というサポート体制がある。新規就農者は、2年間受け入れ農家から技術を教わりながら業務委託料や行政からの補助金を得られるうえ、農地提供者と契約して農地を継承できる。研修後5年間は農業を継続することが条件。

○有田みかん課
☎ 0737-22-3635

31 鳥取 TOTTORI

人口が全国でもっとも少ない県だが、近年、近畿地方や関西地方からの移住者に人気で2019年度の移住者数は2169人。移住者の68.6%を20代・30代の世帯が占めるなど、若い移住者が多いのが特徴だ。

鳥取来楽暮 https://furusato.tori-info.co.jp/iju/

農作業や店の手伝いなど宿泊無料のボランティア体験

湯梨浜町

町の中心にある東郷湖の風景や、湖中から湧き出す温泉で知られる町では、地域の住民と一緒にボランティアをする「ゆりはま暮らし体験ボランティア」を募集している。農園での農作業や高齢者が集まるカフェの手伝い、地元で人気のパン屋さんや交流センターでの接客など体験メニューはさまざま。宿泊はゲストハウスを無料で利用できる。

○企画課
☎ 0858-35-5311

月額家賃5500円で自分のお店をオープンできる

倉吉市

県の中央を占め、白壁の土蔵が連なる町並みが残る倉吉市では、「チャレンジショップあきない塾」でお店を開きたい人を支援。希望者に空き店舗を月額家賃最大5500円（店舗面積により異なる）で貸し出す。契約期間は最長1年間。チャレンジショップで経験を積んだあと、雑貨店やエステ店、カフェなど、さまざまな店を開く卒業生を輩出している。

○倉吉商工会議所
☎ 0858-22-2191

32 島根 SHIMANE

通勤・通学にかかる時間は片道30分以下、平均帰宅時間は18時16分で東京よりも1時間早く、余暇の時間を多くもてる。待機児童数はゼロで子育てしながら仕事をしている女性は全国でもっとも多い。

くらしまねっと https://www.kurashimanet.jp/

ビジネスコンテストから24件の企業が誕生

江津市

日本海に注ぐ江の川が流れる市で、毎年ビジネスプランコンテスト「Go-Con」を開催している。移住創業のサポートもあり、9年間で創業が24件という成果を上げ、市の人口も増えている。

○Go-Con https://go-con.info/

UIターン産業体験に補助金を支給

県にUIターンして３か月以上１年以内の期間、農業、林業、漁業、伝統工芸、介護分野の産業を体験する場合に補助金を支給する。金額は月額12万円で、中学生以下の子ども１人につき３万円加算。

○ＵＩターンしまね産業体験
https://www.teiju.or.jp/sangyou-taiken/

最大25万円のUIターン奨励金で移住者をサポート

隠岐の島町

隠岐諸島でもっとも大きな島後にある町。隠岐空港から大阪・伊丹空港まで約50分とアクセスも良好で、2018～2019年には195名が移住している。UIターン者に奨励金を支給していて、基本金額は1世帯あたり5万円。夫婦世帯と、18歳以下の子どもがいる世帯にそれぞれ10万円を加算し最大で25万円が受け取れる。対象は50歳未満の転入後180日以内の人。

○地域振興課
☎08512-2-8570

33 岡山 OKAYAMA

温暖で好天に恵まれ白桃やマスカットなどの果物栽培がさかん。台風や地震などの自然災害が全国平均よりも少ない。高速道路網も発達し大阪まで約2時間、飛行機で東京まで約1時間15分でアクセス可能。

おかやま晴れの国ぐらし https://www.okayama-iju.jp/

起業家や子育て世帯の家賃を最大2万5000円減額

西粟倉村

2008年に始めた「百年の森林構想」で全国的な注目を集める。村の約95%を占める森林を守るため、個人所有の森林を10年間、村で預かり一括管理。間伐材の商品化やプロモーションなども行っている。起業して事務所として使う人や結婚3年以内の夫婦または子育て世帯を対象に、「しごと・くらし応援住宅」の月額家賃7万円を最大2万5000円減額している。

○村役場
☎0868-79-2111

じっくり数か月と週末だけ、選べる農業トライアル

津山市

城下町である津山市は出雲街道の要衝として栄えた歴史がある。津山圏域外から市内へ移住を希望する人を対象に、地元農家の農園で農業トライアルワークを体験できる。長期トライアルとスポットトライアルの2つのプランがあり、長期トライアルは月1回からの参加で種まきから収穫まで数か月間体験できる。スポットトライアルは1日から参加可能。

○津山ぐらし移住サポートセンター
☎0868-24-3787

34 広島
HIROSHIMA

瀬戸内海や中国山地と都市部が隣接し、便利なうえに自然の豊かさを楽しめる。ふるさと回帰支援センターで実施されている移住希望地ランキングでも人気が高い。

ひろびろ-ひろしま移住メディア https://www.hiroshima-hirobiro.jp/

自分らしく起業したい女性をサポート
三次市

女性起業家を「みよしアントレーヌ」として認定し支援。認定されると、クリエイティブスペース「アシスタ lab.」で専門家による無料の個別相談やトライアルショップを開けるなどの特典がある。

○子育て・女性支援部 ☎0824-62-6242

ひろしまの里山・里海でワーケーション

企業のサテライトオフィス進出を支援する「チャレンジ里山ワーク」を11市町で展開中。瀬戸内海に面したエリアから中国山地まで自然豊かな環境にあるお試しオフィスを利用でき、ワーケーションも可能。

○広島県中山間地域振興課 ☎082-513-2636

ベテラン漁師に弟子入りして瀬戸内海で漁業体験
呉市

瀬戸内海に面する呉市の漁業は沿岸漁業が中心。外海に出ないため、個人経営の5トン未満の小さな船で漁をする。漁師弟子入り体験では、ベテラン漁師と一緒に船に乗り、漁の準備から後片付けまでの作業をする。期間は1日～2日で、対象は20歳～60歳までの漁師を目指す人。体験できる漁法は受け入れ漁協により一本釣りや刺し網、海藻類の養殖などさまざま。

○呉漁業協同組合連絡協議会
☎0823-25-3319

35 山口
YAMAGUCHI

本州最西端に位置し三方を海に囲まれ、トラフグに代表されるように海産物が豊か。1か月あたりの家賃は4万円を切り中国地方でもっとも安い。県内各所に50か所以上の温泉が湧く温泉県。

住んでみいね!ぶちええ山口 https://www.ymg-uji.jp/

女性移住者を歓迎! 家賃や引越し代を支援
萩市

「萩LOVE女子応援事業」として、萩暮らし応援センターを通して移住した18歳以上44歳以下の独身女性に1年間、月額家賃を最大2万円補助。市内事業所に正規雇用されると引越し代を最大5万円支給。

○おいでませ、豊かな暮らし応援課 ☎0838-25-3360

山口で漁師になろう

オーナー漁師向けと漁船乗組員向けの2つの支援制度がある。オーナー漁師研修は基本2年間、漁船乗組員研修は最長1年間で賃金が支給される。オーナー漁師は就業後、最長3年間給付金を受給できる。

○山口県漁業就業者確保育成センター ☎083-261-6612

農ある暮らしを体感する2つのクラインガルテン
宇部市

市街地の近くに宇部空港がありアクセスがよい。温暖で雨が比較的少ない穏やかな気候で、中央部以北には棚田や茶畑が広がる。宇部版クラインガルテンは短期と長期の2タイプの施設があり、移住を希望する市外の人が農業体験をしながらお試し移住できる。短期は1泊1540円～宿泊可能。長期は50㎡の農園付きの宿泊施設を1か月3万5000円で利用できる。

○北部・農林振興部 農業振興課
☎0836-67-2819

36 徳島 TOKUSHIMA

県全域をケーブルテレビ網がカバーしインターネット環境が充実。女性が活躍している県で女性社長率は全国3位、管理職に占める女性の割合は全国トップ。すだちや阿波尾鶏、ハモなどの特産品も多い。

住んでみんで徳島で！ https://tokushima-iju.jp/

市内の企業に就職する人に最大30万円の奨励金

三好市

平家伝説が残る祖谷渓の「祖谷のかずら橋」が有名な市では、市内企業に就職した移住者に奨励金を支給。市外に1年以上居住していて、移住後半年以内に正規雇用された人が対象。金額は20万円で、東京圏から移住した場合、10万円が加算される。さらに賃貸物件の家賃補助制度もあり、最長2年間、月額家賃1万5000円を上限に支援を受けられる。

○商工政策課 ☎0883-72-7645

続々とIT企業が集う山里のコワーキングスペース

神山町

徳島市外から車で約1時間の町では、2004年に全戸に光ファイバーを整備。企業のサテライトオフィスの設置は14社。NPO法人グリーンバレーが運営する「神山バレー・サテライトオフィス・コンプレックス」にはコワーキングスペースがあり、1日1000円、月額8250円から使用可能。隣接する宿泊施設「WEEK神山」と合わせたワーケーション利用もできる。

○神山バレー・サテライトオフィス・コンプレックス ☎050-2024-4385

37 香川 KAGAWA

2019年度の移住者数は1970人（1410世帯）。中国・四国地方や近畿地方からの移住者が多く、30歳代以下が半分以上を占めるなど若者や子育て世代に人気が高い。移住先のトップ3は高松市、坂出市、小豆島町。

かがわ暮（ぐ）らし https://www.kagawalife.jp/

獅子舞う町で移住者の起業を最大500万円補助

三木町

県庁のある高松市まで高松琴平電気鉄道で20分。便利なベッドタウンでもあり、秋には大獅子が練り歩く祭りが開催される町。町内の空き家バンク登録物件を活用して社会的起業をする移住者に補助金を支給する「ひと・もの・地域づくり起業応援助成」の制度がある。上限500万円で、物件購入費、リフォーム費、設備費、広報費、備品購入費などの補助が受けられる。

○地域活性課 ☎087-891-3320

Uターンする子育て世代に商品券10万円分交付

さぬき市

市では3世代の同居・近居をサポート。親が暮らす市内に、子ども世帯が18歳未満の孫を連れて移住する場合等に「さぬき市共通商品券」を10万円分交付。親、子、孫が同居するか市内に住むことが条件。

○政策課 ☎087-894-1112

3年間無料で漆工芸を学べる

香川県漆芸研究所では、江戸時代から続く漆芸技法の後継者を育成。カリキュラムは3年間で漆芸の技術や日本画、デザインや木彫などを学ぶ。対象は35歳以下の人。入学金・授業料は無料。

○香川県漆芸研究所 ☎087-831-1814

㊳ 愛媛 EHIME

物価や家賃が全国平均よりも低く四国でもっとも安い。年間を通して気候は温暖で2003～2015年の地震発生件数が少ないことも特徴だ。松山空港から羽田まで約１時間半、大阪国際空港まで約50分とアクセスもよい。

えひめ移住ネット https://e-iju.net/

伝統産業の匠を目指す人に月額12万円の奨励金

内子町

明治の町家や商家が当時のまま保存されている護国地区がある町では、「匠づくり奨励金」として伝統産業の継承者へ奨励金を支給。大洲和紙、茶の湯炭、桐下駄などの作り手となるために、認定を受けた技術者から学ぶおおむね40歳以下の人が対象。奨励金は月額12万円で3年間交付。奨励金交付期間終了後、5年以上伝統産業に従事することが条件。

○町役場
☎ 0893-44-2111

四国最西端の佐田岬で農漁業のスターターを支援

伊方町

四国最西端、宇和海と瀬戸内海に囲まれた佐田岬にある町は、アワビやサザエ、ハマチなどの海の幸が豊かで、ミカンをはじめさまざまな柑橘類が実る。町では農漁業の担い手を支援するため、新規で就業する人へ補助金を支給。対象は町内に住む18歳以上45歳未満の人。町内に住んでいる親族がいる場合、親族の土地や漁船などを引き継ぐ人に月額5万円、漁業の新規経営の場合は月額10万円（3年間）。受給後、10年以内に自営の就業者として自立できるよう支援する。農業の新規経営の場合は国の補助金制度を活用している。

○町役場 ☎ 0894-38-0211

㊴ 高知 KOCHI

太平洋に面しカツオ・マグロ漁業で全国的に知られている。県下の市町村すべてに移住相談窓口があり、2019年度は全市町村に計1030組（1475人）が移住している。移住者の4割を関東圏が占めているのが特徴。

高知家で暮らす。 https://kochi-iju.jp/index.html

清流の町が貸し出す即入居可能な格安物件

梼原町

四万十川源流域の町では、空き家を町が借り上げ全面リフォーム。すぐに入居できる住まいとして移住者に月額家賃1万5000円で貸し出す。2020年度の移住相談は161件と移住者に人気の取り組みだ。

○まちづくり推進課 ☎ 0889-65-1111

チャレンジショップでお試し出店

お店を持ちたい人が利用できるチャレンジショップが県内に10か所ある。1つの施設を1～3店舗でシェアし、月額の費用負担は3000円～。チャレンジショップ卒業後の開業実績は、飲食店や雑貨店などさまざま。

○高知県経営支援課 ☎ 088-823-9679

自分にぴったりの移住先を探せる二段階移住制度

高知市

まずは高知市に移住し、そこに住みながら市町村を巡って自分の希望にあう場所に移る二段階移住制度がある。「お試し移住補助」で、一段階目の高知市の住宅費用や引越し費用を最大20万円支援する。さらに、市町村を回るためのレンタカー費用を最大2万円支給する。県外在住で高知県内での二段階移住を検討している人が対象となる。

○高知市移住・定住促進室
☎ 088-823-8813

40 福岡 FUKUOKA

九州ではもっとも人口が多く、福岡空港と北九州空港から国内外にアクセス可能。自動車や半導体の工場が立地する北九州エリアと農林水産業がさかんな筑後エリアなど、地域性はさまざま。

○福がお～かくらし　https://ijuu-teijuu.pref.fukuoka.lg.jp/

茶のくに・八女で腕を磨く職人に最長3年の奨励金

八女市

仏壇や提灯、石灯ろう、手すき和紙などの伝統工芸で知られる市では、伝統工芸士から指導を受ける市内在住の研修者に奨励金を支給。40歳未満で研修を始めてから2年未満の人等が対象。奨励金は最長3年間、月額最大4万円。市外から移住した場合、家賃補助もある。月10日以上研修すること、技術習得後は引き続き市内で就業または開業すること等が条件。

○商工振興課
☎ 0943-23-1189

筑後川流れる豊かな大地で新規ファーマー独立支援

久留米市

福岡市から約40kmの距離にある市で、果物や花きなどの生産は県内トップクラス。独立就農を目指す人に農業実践研修を実施。就農希望者と研修先の認定農業者等をマッチングし、1～2年間、年間1200時間以上の実践研修を行う。対象は、研修終了後1年以内に市内で独立自営就農する人（就農時に50歳未満で、農業次世代人材投資資金（準備型）の交付対象者）。

○農政部農政課
☎ 0942-30-9163

41 佐賀 SAGA

九州でもっとも小さな県で北は玄界灘、南は有明海に面している。九州自動車道、大分自動車道が通り、福岡まで約1時間でアクセスできる。合計特殊出生率は全国5位と子育てのしやすい県でもある。

サガスマイル　https://www.sagasmile.com/main/

離島がふるさとになる1年間の親子留学

唐津市

玄界灘に浮かぶ向島、馬渡島、松島、加唐島、小川島、神集島、高島の7つの島の人口は約1200人。このうち馬渡島、加唐島、小川島、高島に小中学生と保護者が一緒に家族留学できる（高島は小学生のみ）。期間は原則として1年間で月額約4万5000円の助成金が支給される。島の学校に通いながら7つの島交流スポーツ大会や釣り大会など地域のイベントに参加する。

○からつ七つの島活性化協議会
☎ 080-2758-9164

盛りだくさんの応援金で幅広い世代の移住を支援

嬉野市

市独自のユニークな移住応援金制度が充実。祖父母の家が市内にある孫が移住する場合、単身の孫1人につき10万円を支給する「孫ターン応援金」や、市内に妻の実家がある夫が移住すると10万円を支給する「お婿さん応援金」（結婚後5年以内）がある。50歳未満の単身女性の移住に10万円を支給する「女子ターン応援金」も。仕事関連では、移住後2年以内に市内で起業する人に「起業チャレンジ応援金」として最大100万円を支給する。リモートワークで仕事を続けながら移住する場合の応援金もある。転入前の事前申請が必須。

○企画政策課　☎ 0954-66-9117

42 長崎 NAGASAKI

2018年度のUIターン移住者は1121人で40代以下の人が約8割を占める。県人口の１割を占める対馬、壱岐、五島列島などの島しょの中でも、五島列島の五島市は移住者数が増えている島だ。

ながさき移住ナビ https://nagasaki-iju.jp/

五島列島の北部の島で就業する人に50万円

小値賀町

佐世保からフェリーで3時間の島には、約2300人が住む。町内で新たに農林水産商工業に就業する人、または後継者となる人に支援金として50万円を支給する。10年以上事業を継続することが条件。

○町役場 ☎ 0959-56-3111

「ながさき移住倶楽部」でお得なサービス

県外の移住希望者を対象にした「ながさき移住倶楽部」に登録すると、県内で使用するレンタカー料金や県外から移住する引越し代の割引、宿泊施設での優待サービスなどさまざまな特典を受けられる。

○https://nagasaki-iju.jp/useful_info/support/ijuclub/

新婚さんの移住歓迎！新生活を最大60万円で支援

雲仙市

北は有明海に面し雲仙普賢岳がある市の結婚奨励金は、結婚前から夫婦が市内に居住していた場合は50万円、夫婦の一方が結婚を機に移住した場合は55万円、夫婦ともに移住した場合は60万円。対象は42歳未満の夫婦、または夫婦の両方か一方が42歳以上で2019年4月～2022年3月末に結婚し、2023年3月末までに子どもが生まれる夫婦。奨励金は3年間の分割支給。

○地域づくり推進課
☎ 0957-38-3111

43 熊本 KUMAMOTO

１か月あたりの家賃は、福岡の4万8429円に比べて約8000円安い。福岡までのアクセスは新幹線で約30分なので通学や通勤にも便利だ。湧水が豊かで、県下の水道の約80％に地下水を使用している。

KUMAMOTO LIFE https://www.kumamoto-life.jp/default.html

「相良700年」の伝統ある町の住宅補助金

多良木町

700年にわたり領主・相良氏が治めた地で、臼太鼓踊りやジャンケンの元祖といわれている球磨拳など、独特の文化が受け継がれている。町の面積の8割を山林原野が占めていて、多良木産の木材を使用して住まいを新築する人に補助金を支給している。町内施工業者が建築することが条件。支給金額は、実際に使用した町産木材の合計金額の1/2で上限100万円。

○農林整備課
☎ 0966-42-1267

内航海運船の船員に就職祝い金を支給

上天草市

四方を海に囲まれた上天草市の海運業は、海運業者約100社、船員数約800人と全国有数の規模。50歳以下で市外から移住した人または新卒者が地元の海運事業者に就職し、9か月間継続して勤務した場合、就職祝い金を10万円支給。条件は海技免許を取得していること。さらに、海運事業者に就職した移住者が賃貸物件を借りる場合、月額最大2万円を2年間補助する。

○経済振興部産業政策課
☎ 0964-26-5531

44 大分 OITA

通学・通勤の片道時間が28.5分と全国でもっとも短く、平日の平均帰宅時間も18時19分と職住近接の暮らしができる。「おんせん県」として知られ、温泉を利用した銭湯の数は400近い。

おおいた暮らし https://www.iju-oita.jp/

六郷満山文化の地でアーティストのまちづくり

国東市

国東半島は神仏習合の六郷満山文化が伝わる地で、両子山の修験の道や宇佐神宮など多くの歴史文化が残る。市ではアーティストの移住支援に力を入れていて、住居兼アトリエに使える物件を「アーティスト・イン・レジデンス」として紹介している。家賃は月額1万5000円。制作活動のための滞在ができるインキュベーション施設「イミテラス」もある。

○NPO法人　国東半島くにみ粋群
☎ 0978-82-0770

有機農業を学べる「有機の里」のコーチ制度

臼杵市

化学合成農薬や化学肥料を使わずに育てた野菜を、「ほんまもん農産物」として市が独自認証している。市認定の就農コーチの下で1～2年間、有機農業の研修をするファーマーズスクールがある。

○農林振興課（野津庁舎）　☎ 0974-32-2220

女性移住者のリアルなライフスタイルを発信中

大分県に移住した女性６人のリアルな移住ライフを動画「彼女が大分に来た理由」で公開。移住のきっかけや大分の印象、子育てや仕事、移住を考えている人へのアドバイスなどを当事者の言葉で語っている。

○https://www.iju-oita.jp/migrant

45 宮崎 MIYAZAKI

全国でもっとも物価水準が低く、1か月あたりの家賃が3万8000円台。また、自然災害のリスクが鳥取県、栃木県についで全国で3番目に低い（自然災害に対するリスク指標（GNS）2017年度）。

あったか宮崎ひなた暮らし https://iju.pref.miyazaki.lg.jp/

3年間の生活支援金がある新婚家庭に優しい町

川南町

日向灘に面した農業、漁業、畜産業がさかんな町では、新婚世帯に助成金を支給。対象は夫婦ともに40歳以下で婚姻届を出してから3年以内の世帯。期間は3年間で月額1万5000円を助成する。

○まちづくり課　☎ 0983-27-8002

サーフポイント間近なお試し移住ハウス

サーフポイント・伊倉浜を有する川南町、お倉ヶ浜や金ヶ浜のある日向市など、サーファーが集う町にお試し移住体験施設がある。利用料無料や宿泊費・レンタカー代の補助を受けられるところも。

○https://iju.pref.miyazaki.lg.jp/otameshi/municipalities/

自然を大切にする町の就農トレーニングセンター

綾町

町は県のほぼ中央にあり、広大な照葉樹林帯が広がる。1988年に「自然生態系農業の推進に関する条例」を制定し有機農業を推進。就農支援も手厚く、2013年～2017年の5年間で約40名の新規農家が誕生している。JA綾町トレーニングセンターでは、未経験者が1～2年かけて農業指導を受けられ、主力作物であるキュウリの栽培技術や経営管理を学ぶことができる。研修中は町が用意した住まいを利用でき、月額15万円の助成金が支給される。独立に向け農地やハウスのあっせんやJAから融資などのサポートも受けられる。

○JA綾町経済部生産指導課　☎ 0985-77-1301

46 鹿児島 KAGOSHIMA

県下18市町村に山村留学制度があり、受入数は全国トップレベル、親子留学できるところも多い。農漁業や産業体験なども各市町村で行っていて、トビウオすくいや黒糖作りなどを体験できる。

かごしまで暮らす https://www.kagoshima-iju.jp/

緑あふれる島で学び遊ぶ 最長2年間の親子留学

屋久島町

世界自然遺産に認定された屋久島と口永良部島の2つの島からなる町に親子で留学できる。「かめんこ留学」の永田小学校、「まんてん留学」の栗生小学校、「じょうもん留学」の八幡小学校、「屋久島黒潮留学」の一湊小学校、「南海ひょうたん島留学」の口永良部島の金岳小中学校で留学生を受け入れ。家族留学には、最長2年間、月額4万円の補助金を支給。

○屋久島町教育委員会事務局
☎ 0997-43-5900

村に移住した人に 子牛1頭プレゼント

三島村

鹿児島港から100 ～ 150kmほど離れた竹島、硫黄島、黒島からなる三島村。畜産がさかんな島らしく、単身世帯には子牛1頭または30万円、2人世帯には子牛1頭または50万円が支給される。最大10万円の支度金と3年間の生活助成金も受給できる。金額は単身世帯に月額8万5000円、夫婦世帯に月額10万円（世帯人数に応じて増額）。対象は55歳以下の移住者。

○定住促進課
☎ 099-222-3141

47 沖縄 OKINAWA

県の行っている移住支援は、移住希望者と県内企業をマッチングさせる「りっか沖縄」や「沖縄バイオ人材マッチング」が主となる。移住に関わる経済的な支援や住まいのあっせんなどは行っていない。

おきなわ島ぐらし https://okinawa-iju.jp/

ヤンバルクイナの住む森と 海のある村でお試しステイ

国頭村

「やんばるの森」が広がる沖縄本島最北端の村に移住体験住宅が3棟ある。コンビニや道の駅まで車で数分の場所にあり、テレビや冷蔵庫、洗濯機、エアコンなどの家電が揃う施設だ。1泊～最長13泊宿泊可能。人数は4 ～ 6人、利用料は1泊1人あたり2000 ～ 3000円（施設により異なる）。小学生未満の利用は無料。利用時に役場担当者を訪問することが条件。

○企画商工観光課
☎ 0980-41-2622

IT起業家が集う シェアードワークプレイス

宜野湾市

宜野湾ベイサイド情報センター内にシェアードワークプレイス「Gwave Incubate」がある。ベンチャー創出を目的としていて、IT企業に勤める人やIT関連企業に利用を限定しているのが特徴。利用料は、正会員プランが月額1万1000円、1日会員プランが1100円。法人がサテライトオフィスとして使用する場合は月額3万3000円。ミーティングスペースが2か所あるので打合せも可能。

○宜野湾ベイサイド情報センター
☎ 098-942-8415

編集制作
株式会社ランズ

取材・執筆
岩山須美子、水田浩世、松尾好江、清水由香利、稲坂駿介、
合津玲子、相田玲子、山崎麻梨子

撮影
北原俊寛、松永光希、北條正明

写真協力
各取材関係者
関係諸施設　関係各市町村
PIXTA

表紙デザイン
佐藤ジョウタ（iroiroinc.）

本文デザイン
佐藤ジョウタ、香川サラサ（iroiroinc.）

表紙・本文イラスト
大川久志

地図イラスト
s-map

組版・印刷
図書印刷株式会社

企画・編集
清永愛、白方美樹（朝日新聞出版）

移住《いじゅう》。
成功《せいこう》するヒント

2021年6月30日　第1刷発行

編　著　朝日新聞出版

発行者　橋田真琴

発行所　朝日新聞出版
〒104-8011　東京都中央区築地5-3-2
電話（03）5541-8996（編集）
（03）5540-7793（販売）

印刷所　図書印刷株式会社

Published in Japan by Asahi Shimbun Publications Inc.
ISBN　978-4-02-333998-9